हिंदी व्याकरण (भाग-2)

लेखक- श्री गिरधारी लाल -

भूमिका

हिंदी व्याकरण का यह "पार्ट-2" शब्द-भेद (Parts of Speech) को सरल, स्पष्ट एवं व्यवस्थित रूप में प्रस्तुत करने का एक सार्थक प्रयास है। इस भाग में संज्ञा, सर्वनाम, विशेषण, क्रिया, क्रिया-विशेषण,कारक/संबंध-बोधक , समुच्चयबोधक तथा विस्मयादिबोधक जैसे महत्वपूर्ण विषयों को सरल एवं सहज भाषा में समझाया गया है, ताकि विद्यार्थी बिना किसी कठिनाई के इन अवधारणाओं को समझ सकें।

इस पुस्तक की विशेषता यह है कि इसमें प्रत्येक विषय को उदाहरणों के माध्यम से इस प्रकार प्रस्तुत किया गया है कि विद्यालय स्तर के विद्यार्थी से प्रतियोगी परीक्षाओं की तैयारी करने वाले अभ्यर्थियों तक आसानी से समझ सकते है अतः उन दोनों के लिए अत्यंत उपयोगी सिद्ध होगी। विषयों को क्रमबद्ध ढंग से प्रस्तुत किया गया है, जिससे पाठक अपने ज्ञान को चरणबद्ध तरीके से विकसित कर सकें।

इसके अतिरिक्त, पिछले कई वर्षों में विभिन्न प्रतियोगी परीक्षाओं—जैसे REET, CTET, SSC, CUET, SI एवं सेकंड ग्रेड—में पूछे गए प्रश्नों को भी इस पुस्तक में सम्मिलित किया गया है। इससे विद्यार्थियों को परीक्षा के स्वरूप, प्रश्नों के प्रकार एवं महत्वपूर्ण टॉपिक्स की स्पष्ट समझ प्राप्त होगी तथा उनकी तैयारी अधिक प्रभावी और सुदृढ़ बन सकेगी।

आशा है कि यह पुस्तक विद्यार्थियों के लिए न केवल ज्ञानवर्धक सिद्ध होगी, बल्कि उन्हें हिंदी व्याकरण में दक्षता प्राप्त करने में भी महत्वपूर्ण भूमिका निभाएगी।

लेखक -गिरधारी लाल प्राचार्य

अनुक्रमणिका (index)

Parts of Speech (शब्द-भेद)

भाषा मनुष्य के विचारों, भावनाओं और अनुभवों को व्यक्त करने का सबसे प्रभावी माध्यम है। जब हम बोलते या लिखते हैं तो अनेक प्रकार के शब्दों का प्रयोग करते हैं। प्रत्येक शब्द का वाक्य में एक विशेष कार्य और महत्व होता है। इन्हीं कार्यों के आधार पर शब्दों को अलग-अलग वर्गों में बाँटा जाता है, जिसे "शब्दभेद" कहा जाता है।

परिभाषा:

भाषा में प्रयोग होने वाले शब्दों को उनके कार्य, अर्थ और वाक्य में स्थान के आधार पर

अलग-अलग वर्गों में विभाजित करना शब्दभेद कहलाता है।अर्थात जब हम किसी वाक्य को ध्यान से देखते हैं तो पाते हैं कि उसमें प्रयुक्त हर शब्द किसी न किसी उद्देश्य की पूर्ति करता है। कोई शब्द किसी व्यक्ति, वस्तु या स्थान का बोध कराता है, कोई शब्द किसी कार्य के होने का संकेत देता है, कोई शब्द किसी वस्तु की विशेषता बताता है, तो कोई शब्द दो विचारों या वाक्यों को जोड़ने का काम करता है।

इस प्रकार प्रत्येक शब्द की भाषा में एक विशेष भूमिका

होती है। इन भूमिकाओं को समझने के लिए व्याकरण में शब्दों का वर्गीकरण किया जाता है और इसी प्रक्रिया को शब्दभेद कहा जाता है।शब्दभेद को समझना इसलिए आवश्यक है क्योंकि यह हमें भाषा की संरचना और व्यवस्था को स्पष्ट रूप से समझने में सहायता करता है। जब हम जानते हैं कि कोई शब्द वाक्य में किस उद्देश्य से प्रयुक्त हुआ है, तब हम उस वाक्य के अर्थ को अधिक स्पष्ट और सही रूप से समझ सकते हैं। उदाहरण के लिए यदि किसी वाक्य में प्रयुक्त शब्दों की भूमिका स्पष्ट हो जाए तो यह जानना आसान हो जाता है कि वाक्य में कौन-सा शब्द मुख्य विचार व्यक्त कर रहा है, कौन-सा शब्द उस विचार की विशेषता बता रहा है और कौन-सा शब्द वाक्य के अन्य भागों को जोड़ रहा है।

शब्दभेद का अध्ययन भाषा-अध्ययन की एक महत्वपूर्ण कड़ी है। इसके माध्यम से विद्यार्थी यह समझ पाते हैं कि भाषा केवल शब्दों का समूह नहीं है, बल्कि एक सुव्यवस्थित प्रणाली है जिसमें प्रत्येक शब्द का अपना निश्चित कार्य और स्थान होता है। यही कारण है कि व्याकरण में शब्दभेद का विशेष महत्व माना जाता है।

सरल शब्दों में कहा जाए तो शब्दभेद भाषा के उन वर्गों का अध्ययन है जिनके माध्यम से हम यह समझते हैं कि

वाक्य में प्रयुक्त प्रत्येक शब्द किस कार्य को पूरा कर रहा है।

यह भाषा को व्यवस्थित ढंग से समझने और सही रूप में प्रयोग करने की आधारभूत प्रक्रिया है। इसलिए भाषा सीखने वाले प्रत्येक विद्यार्थी के लिए शब्दभेद का ज्ञान अत्यंत उपयोगी और आवश्यक माना जाता है।

शब्द भेद के प्रकार (8 मुख्य प्रकार)

सारणी

1 Noun - संज्ञा

2 Pronoun - सर्वनाम

3 Adjective - विशेषण

4 Verb - क्रिया

5 Adverb - क्रिया विशेषण

6 Preposition - संबंधबोधक

7 Conjunction - समुच्चयबोधक

8 Interjection - विस्मयादिबोधक

भाषा में प्रयुक्त शब्दों को उनके रूप परिवर्तन के आधार पर शब्द भेद के आठ प्रकार को मुख्यतः दो वर्गों में बाँटा जाता है–

विकारी शब्द और अविकारी शब्द।

इन दोनों के बीच मुख्य अंतर यह है कि कुछ शब्द वाक्य

में प्रयोग के अनुसार अपना रूप बदल लेते हैं, जबकि कुछ शब्दों का रूप कभी नहीं बदलता।

विकारी और अविकारी (अव्यय) शब्दों में अंतर

1. विकारी शब्द

विकारी शब्द वे होते हैं जिनका रूप लिंग, वचन, पुरुष, कारक या काल के अनुसार बदल जाता है। अर्थात् वाक्य में प्रयोग होने पर इन शब्दों में परिवर्तन दिखाई देता है।

उदाहरण के लिए –

लड़का → लड़के → लड़कों

अच्छा → अच्छी → अच्छे

जाना → गया → जाते

इन उदाहरणों से स्पष्ट है कि शब्द का रूप परिस्थिति के अनुसार बदल रहा है।

इसी कारण इन्हें विकारी शब्द कहा जाता है। भाषा में जिन शब्दों में इस प्रकार का परिवर्तन होता है, वे विकारी कहलाते हैं।शब्द भेद के आठ प्रकार में विकारी शब्द -

1 Noun - संज्ञा 2 Pronoun - सर्वनाम

3 Adjective - विशेषण 4 Verb - क्रिया

2. अविकारी शब्द (अव्यय)

अविकारी शब्द वे होते हैं जिनका रूप कभी नहीं बदलता।

इन शब्दों पर लिंग, वचन, काल या कारक का कोई प्रभाव नहीं पड़ता। ये शब्द वाक्य में किसी भी स्थान पर प्रयोग किए जाएँ, उनका रूप हमेशा एक जैसा ही रहता है।

उदाहरण के लिए –आज, यहाँ, बहुत, और, लेकिन, अरे इन शब्दों का रूप हर स्थिति में समान रहता है, इसलिए इन्हें अविकारी शब्द कहा जाता है। अविकारी शब्दों को ही अव्यय भी कहा जाता है। "अव्यय" का अर्थ है – ऐसा शब्द जिसमें किसी प्रकार का व्यय या परिवर्तन न हो।

निष्कर्ष-इस प्रकार स्पष्ट होता है कि विकारी शब्दों में रूप परिवर्तन होता है,

जबकि अविकारी (अव्यय) शब्दों में कोई परिवर्तन नहीं होता। यही दोनों के बीच का मुख्य अंतर है। शब्द भेद के आठ प्रकार में अंतिम चार प्रकार या भेद को अविकारी या अव्यव भी कहा जाता है -

5 Adverb - क्रिया विशेषण

6 Preposition - संबंधबोधक

7 Conjunction - समुच्चयबोधक

8 Interjection - विस्मयादिबोधक

1 संज्ञा (Noun) :

परिभाषा, प्रकार एवं उदाहरण

☑ हिंदी में परिभाषा: संज्ञा वह शब्द होता है जिससे किसी व्यक्ति, वस्तु, स्थान, प्राणी, पदार्थ, गुण, भाव या अवस्था का नाम प्रकट होता है। अर्थात भाषा में जिन शब्दों के माध्यम से किसी वस्तु या सत्ता की पहचान या नाम बताया जाता है, उन्हें संज्ञा कहा जाता है। उदाहरण के लिए–राम, गंगा,पुस्तक, पर्वत, विद्यालय, प्रेम, साहस आदि। इन शब्दों के द्वारा किसी व्यक्ति, स्थान, वस्तु या भाव का बोध होता है, इसलिए ये सभी संज्ञा शब्द हैं। हिंदी व्याकरण में संज्ञा भाषा का एक महत्वपूर्ण अंग है, क्योंकि इसके माध्यम से हम संसार की विभिन्न वस्तुओं, व्यक्तियों और विचारों को नाम देकर पहचानते हैं।

सरल शब्दों में कहा जाए तो जो शब्द किसी व्यक्ति, स्थान, वस्तु, प्राणी या भाव का नाम बताता है, वह संज्ञा कहलाता है। जैसे 'बालक', 'नदी', 'घर', 'भारत', 'सुख' आदि शब्द किसी न किसी वस्तु या भाव का नाम बताते हैं। इसलिए ये सभी संज्ञा के उदाहरण हैं। इस प्रकार भाषा में जिन शब्दों से किसी चीज़ का नाम या पहचान प्रकट होती है, उन्हें संज्ञा कहा जाता है।

संज्ञा वह शब्द है जिससे किसी व्यक्ति, वस्तु, स्थान, पशु,

पदार्थ या भाव का बोध हो।

या

जिस शब्द से किसी व्यक्ति, वस्तु, स्थान, प्राणी, पदार्थ, गुण, भाव या अवस्था का नाम प्रकट हो, उसे संज्ञा कहते हैं।या

जो शब्द किसी का नाम बताता है वह संज्ञा है।

संक्षिप्त उदाहरण: राम, जयपुर, पुस्तक, नदी, प्रेम, साहस

. संस्कृत व्याकरण में संज्ञा:

पाणिनि - 'नाम्नि संज्ञा' अर्थात जिससे किसी वस्तु का नाम जाना जाए वह संज्ञा है।

पतंजलि - जो शब्द किसी वस्तु की पहचान कराए वह संज्ञा है।

भर्तृहरि - जिससे किसी वस्तु या व्यक्ति का बोध हो वह संज्ञा है।

क्या संज्ञा की आकृति होती है?

संज्ञा शब्द की अपनी आकृति नहीं होती। वह केवल ध्वनि या लिखित रूप होता है। परंतु जिस वस्तु का नाम संज्ञा बताती है उसकी आकृति हो सकती है। संक्षिप्त उदाहरण:

पेड़, पुस्तक → आकृति होती है

प्रेम, साहस → आकृति नहीं होती

संज्ञा और क्रिया में अंतर:

संज्ञा - नाम बताने वाला शब्द

क्रिया - कार्य या काम बताने वाला शब्द

संक्षिप्त उदाहरण:

राम खेलता है → राम (संज्ञा), खेलता (क्रिया)

लड़का दौड़ता है → लड़का (संज्ञा), दौड़ता (क्रिया)

पहचान का तरीका:

नाम बताए → संज्ञा

काम बताए → क्रिया

✅ Definition in English:

A Noun is a word that names a person, place, thing, animal, idea, or quality.

संज्ञा के प्रकार (Types of Noun) -संज्ञा के पाँच प्रकार माने गए है

व्यक्तिवाचक संज्ञा - Proper Noun

जातिवाचक संज्ञा - Common Noun

भाववाचक संज्ञा - Abstract Noun

द्रव्यवाचक संज्ञा - Material Noun

समूहवाचक संज्ञा - Collective Noun

1 व्यक्तिवाचक संज्ञा (Proper Noun)

परिभाषा (Hindi):

व्यक्तिवाचक संज्ञा वह संज्ञा होती है जिससे किसी विशेष व्यक्ति, स्थान, वस्तु, नदी, पर्वत, देश या संस्था का निश्चित नाम प्रकट होता है। अर्थात जब कोई शब्द किसी एक खास व्यक्ति या स्थान की पहचान कराता है, तब वह व्यक्तिवाचक संज्ञा कहलाता है। जैसे–राम, सीता, गंगा, हिमालय, भारत, जयपुर आदि। इन शब्दों से किसी विशेष व्यक्ति या स्थान का बोध होता है, इसलिए इन्हें व्यक्तिवाचक संज्ञा कहा जाता है। अंग्रेज़ी व्याकरण में व्यक्तिवाचक संज्ञा को Proper Noun कहा जाता है।
सरल शब्दों में कहें तो जो संज्ञा किसी एक खास व्यक्ति, स्थान या वस्तु का नाम बताती है, वह व्यक्तिवाचक संज्ञा होती है। उदाहरण के लिए 'लड़का' शब्द किसी भी बालक के लिए प्रयोग हो सकता है, इसलिए यह जातिवाचक संज्ञा है; लेकिन 'राम' किसी विशेष व्यक्ति का नाम है, इसलिए यह व्यक्तिवाचक संज्ञा है। इसी प्रकार गंगा एक विशेष नदी का नाम है और हिमालय एक विशेष पर्वत का नाम है। इस प्रकार जो शब्द किसी विशेष पहचान को व्यक्त करते हैं, उन्हें व्यक्तिवाचक संज्ञा कहा जाता है।
जो किसी विशेष व्यक्ति, स्थान या वस्तु का नाम बताती है, उसे व्यक्तिवाचक संज्ञा कहते हैं।
या

Definition (English):

A Proper Noun is the name of a particular person, place or thing. उदाहरण: राम, सीता, मोहन, गंगा, यमुना, भारत, दिल्ली, जयपुर, हिमालय, ताजमहल, गीता, रामायण, राजस्थान, एशिया।

वाक्यों में प्रयोग:

1. राम - राम प्रतिदिन विद्यालय जाता है।

2. गंगा - गंगा भारत की पवित्र नदी है।

3. दिल्ली - दिल्ली भारत की राजधानी है।

4. हिमालय - हिमालय संसार का सबसे ऊँचा पर्वत है।5. ताजमहल - ताजमहल आगरा में स्थित है।

व्यक्तिवाचक संज्ञा की विशेषताएँ:

1. यह किसी विशेष व्यक्ति, स्थान या वस्तु का नाम बताती है।

2. इसका प्रयोग सामान्यतः एकवचन में होता है।

3. इससे किसी विशिष्ट पहचान का बोध होता है।

4. वाक्य में इसका पहला अक्षर प्रायः बड़ा लिखा जाता है (विशेषकर अंग्रेज़ी में)।

5. कई बार व्यक्तिवाचक संज्ञा जातिवाचक संज्ञा से बनती है, जैसे: गंगा (नदी का विशेष नाम)।

परिभाषा (Hindi):

जातिवाचक संज्ञा वह संज्ञा होती है जिससे किसी व्यक्ति, वस्तु, प्राणी या स्थान की पूरी जाति या वर्ग का सामान्य बोध होता है। अर्थात वह शब्द जो किसी एक विशेष व्यक्ति या वस्तु का नाम न बताकर उसी प्रकार के सभी व्यक्तियों या वस्तुओं के समूह को प्रकट करता है, उसे जातिवाचक संज्ञा कहा जाता है। जैसे–मनुष्य, बालक, नदी, पर्वत, शहर, पक्षी आदि। इन शब्दों से किसी एक विशेष व्यक्ति या वस्तु का नहीं, बल्कि उस पूरी जाति या वर्ग का बोध होता है। उदाहरण के लिए "बालक" शब्द किसी एक लड़के का नाम नहीं है, बल्कि यह उन सभी लड़कों के लिए प्रयोग किया जाता है जो बालक की श्रेणी में आते हैं।

सरल शब्दों में कहा जाए तो जो संज्ञा किसी एक व्यक्ति या वस्तु का नाम न बताकर उसी प्रकार के सभी व्यक्तियों या वस्तुओं के लिए सामान्य रूप से प्रयोग होती है, उसे जातिवाचक संज्ञा कहते हैं। जैसे–नदी शब्द संसार की किसी भी नदी के लिए प्रयोग किया जा सकता है, पर्वत शब्द किसी भी पर्वत के लिए, और शहर शब्द किसी भी शहर के लिए प्रयोग किया जा सकता है। इसलिए ये सभी जातिवाचक संज्ञा के उदाहरण हैं। इस प्रकार भाषा में जिन

शब्दों के माध्यम से किसी वस्तु या प्राणी की पूरी जाति या वर्ग का सामान्य बोध होता है, उन्हें जातिवाचक संज्ञा कहा जाता है।

यदि व्यक्तिवाचक संज्ञा और जातिवाचक संज्ञा की तुलना करें तो दोनों में स्पष्ट अंतर दिखाई देता है। व्यक्तिवाचक संज्ञा किसी एक विशेष व्यक्ति, स्थान या वस्तु का निश्चित नाम बताती है, जैसे–राम, गंगा, हिमालय, भारत, जयपुर आदि। इसके विपरीत जातिवाचक संज्ञा किसी एक विशेष वस्तु का नहीं बल्कि उस प्रकार की पूरी जाति या वर्ग का बोध कराती है, जैसे–मनुष्य, नदी, पर्वत, देश, शहर आदि। उदाहरण के लिए "नदी" एक जातिवाचक संज्ञा है, क्योंकि यह किसी भी नदी के लिए प्रयोग हो सकती है; लेकिन "गंगा" एक विशेष नदी का नाम है, इसलिए वह व्यक्तिवाचक संज्ञा है। इसी प्रकार "बालक" जातिवाचक संज्ञा है, जबकि "राम" व्यक्तिवाचक संज्ञा है।

इस प्रकार स्पष्ट होता है कि व्यक्तिवाचक संज्ञा विशेष का बोध कराती है, जबकि जातिवाचक संज्ञा सामान्य वर्ग या जाति का बोध कराती है। यही दोनों के बीच का मुख्य अंतर है।जो शब्द किसी जाति या वर्ग के सभी व्यक्तियों/वस्तुओं के लिए प्रयुक्त हो, उसे जातिवाचक संज्ञा कहते हैं।

Definition (English):

A Common Noun names a general person, place or thing.

जातिवाचक संज्ञा के उदाहरण

लड़का, लड़की, शिक्षक, विद्यार्थी, पुस्तक, नदी, शहर, पर्वत, पक्षी, जानवर, पेड़, फूल, घर, विद्यालय, किसान, राजा।

वाक्यों में प्रयोग

1. लड़का - वह लड़का बहुत तेज है।
2. नदी - यह नदी बहुत लंबी है।
3. पुस्तक - मेरे पास हिंदी की एक पुस्तक है।
4.पक्षी - आकाश में कई पक्षी उड़ रहे हैं।
5. किसान - किसान खेत में काम कर रहा है।

जातिवाचक संज्ञा की विशेषताएँ

1. यह किसी पूरे वर्ग या जाति का बोध कराती है।
2. इसका प्रयोग एकवचन और बहुवचन दोनों रूपों में हो सकता है। उदाहरण: लड़का - लड़के।
3. इसके साथ एकवचन या बहुवचन दोनों प्रकार की क्रिया लग सकती है।
4. इससे किसी सामान्य व्यक्ति, वस्तु या स्थान का पता चलता है, न कि किसी विशेष का।

3 भाववाचक संज्ञा (Abstract Noun)

परिभाषा (Hindi)-भाववाचक संज्ञा वह संज्ञा होती है जिससे किसी गुण, भाव, अवस्था, दशा या विचार का बोध होता

है। अर्थात जिन शब्दों से किसी ऐसी चीज़ का नाम प्रकट होता है जिसे हम देख नहीं सकते, छू नहीं सकते, परंतु अनुभव कर सकते हैं, उन्हें भाववाचक संज्ञा कहते हैं। जैसे–प्रेम, साहस, ईमानदारी, खुशी, दुःख, ज्ञान, बचपन, बुढ़ापा आदि। इन शब्दों से किसी व्यक्ति या वस्तु का नाम नहीं बताया जाता, बल्कि उनके भीतर पाए जाने वाले गुण, भावना या स्थिति का बोध होता है। उदाहरण के लिए 'प्रेम' एक भावना है, 'साहस' एक गुण है और 'बचपन' जीवन की एक अवस्था है, इसलिए ये सभी भाववाचक संज्ञाएँ हैं।

सरल शब्दों में कहा जाए तो जो संज्ञा किसी भाव, गुण या अवस्था का नाम बताती है, उसे भाववाचक संज्ञा कहते हैं। इनकी कोई भौतिक आकृति नहीं होती, क्योंकि इन्हें देखा या छुआ नहीं जा सकता, बल्कि केवल महसूस किया जा सकता है। जैसे–खुशी एक भावना है जिसे हम देख नहीं सकते, लेकिन अनुभव कर सकते हैं; इसी प्रकार दुःख, प्रेम, मित्रता और ईमानदारी भी भाव या गुण हैं। इसलिए ये सभी भाववाचक संज्ञा के उदाहरण हैं। इस प्रकार भाषा में जिन शब्दों के माध्यम से किसी व्यक्ति या वस्तु के गुण, भाव या अवस्था का बोध होता है, उन्हें भाववाचक संज्ञा कहा जाता है।

जो शब्द किसी गुण, अवस्था या भाव का बोध कराए, उसे भाववाचक संज्ञा कहते हैं।

Definition (English):

An Abstract Noun names a quality, feeling, state or idea.

भाववाचक संज्ञा के उदाहरण: प्रेम, दया, करुणा, साहस, ईमानदारी, सुंदरता, मित्रता, बचपन, बुढ़ापा, खुशी, दुख, ज्ञान, विश्वास, स्वतंत्रता, गरीबी, अमीरी।

वाक्यों में प्रयोग:

1. प्रेम - माता का प्रेम बहुत पवित्र होता है।
2. दया - हमें गरीबों पर दया करनी चाहिए।
3. साहस - संकट में साहस नहीं खोना चाहिए।
4. मित्रता - सच्ची मित्रता जीवन को सुखद बनाती है।
5. ज्ञान - ज्ञान मनुष्य को महान बनाता है।

भाववाचक संज्ञा की विशेषताएँ:

1. यह किसी भाव, गुण या अवस्था का बोध कराती है।
2. इसे देखा या छुआ नहीं जा सकता, केवल महसूस किया जाता है।
3. प्रायः इसका प्रयोग एकवचन रूप में होता है।
4. इसके साथ सामान्यतः एकवचन क्रिया का प्रयोग होता है। उदाहरण: प्रेम अमर है।
5. यह अक्सर विशेषण या क्रिया से बनती है। उदाहरण: अच्छा → अच्छाई, मित्र → मित्रता, ज्ञानी → ज्ञान।

4 समूहवाचक संज्ञा (Collective Noun)

परिभाषा (Hindi):

समूहवाचक संज्ञा वह संज्ञा होती है जिससे किसी व्यक्ति, वस्तु या प्राणियों के समूह या झुंड का बोध होता है। अर्थात ऐसा शब्द जो अनेक व्यक्तियों या वस्तुओं को

मिलाकर बने हुए एक समूह का नाम बताता है, उसे समूहवाचक संज्ञा कहते हैं। इस प्रकार के शब्द किसी एक व्यक्ति या वस्तु का नहीं, बल्कि कई व्यक्तियों या वस्तुओं के मिलकर बने हुए समूह का संकेत करते हैं। उदाहरण के लिए–सेना, भीड़, परिवार, दल, झुंड, वर्ग, समिति आदि। इन शब्दों से किसी एक व्यक्ति का नहीं, बल्कि कई लोगों या वस्तुओं के समूह का बोध होता है।
सरल शब्दों में कहा जाए तो जो संज्ञा अनेक व्यक्तियों या वस्तुओं के समूह का नाम बताती है, उसे समूहवाचक संज्ञा कहते हैं। जैसे "सेना" शब्द अनेक सैनिकों के समूह को दर्शाता है, "परिवार" शब्द घर के सभी सदस्यों के समूह को बताता है, और "झुंड" शब्द कई पशुओं या पक्षियों के समूह को व्यक्त करता है। इसी प्रकार "कक्षा" शब्द विद्यार्थियों के समूह को और "समिति" किसी विशेष कार्य के लिए बनाए गए लोगों के समूह को प्रकट करता है। इसलिए ये सभी समूहवाचक संज्ञा के उदाहरण हैं।

इस प्रकार स्पष्ट होता है कि जब किसी शब्द से अनेक व्यक्तियों, वस्तुओं या प्राणियों के एक साथ मिलकर बने हुए समूह का बोध होता है, तो वह शब्द समूहवाचक संज्ञा कहलाता है। समूहवाचक संज्ञा का प्रयोग भाषा में तब किया जाता है जब हम कई व्यक्तियों या वस्तुओं को

अलग-अलग न बताकर उन्हें एक समूह के रूप में व्यक्त करना चाहते हैं।

जो संज्ञा किसी व्यक्ति, पशु या वस्तुओं के समूह को एक इकाई के रूप में प्रकट करे, उसे समूहवाचक संज्ञा कहते हैं। हिंदी में समूहवाचक संज्ञा वे संज्ञाएँ होती हैं जो एक साथ कई व्यक्तियों, वस्तुओं या प्राणियों के समूह का बोध कराती हैं। प्रतियोगी परीक्षाओं में अक्सर ऐसे शब्द पूछे जाते हैं। नीचे महत्वपूर्ण समूहवाचक संज्ञाएँ दी जा रही हैं और कुछ को वाक्य में प्रयोग करके भी समझाया गया है।

प्रमुख समूहवाचक संज्ञाएँ

झुंड, भीड़, दल, टोली, समूह, सेना, वर्ग, समिति, सभा, समाज, परिवार, समुदाय, मंडली, संघ, जत्था, वर्ग, टोली, पंक्ति, कतार, काफ़िला, गिरोह, टोली, गुच्छा, ढेर, झुंड, टुकड़ी।

वाक्यों में प्रयोग

1. झुंड - खेत में गायों का एक बड़ा झुंड चर रहा है।
2. भीड़ - मेले में लोगों की बहुत बड़ी भीड़ इकट्ठी हो गई।
3. दल - खिलाड़ियों का एक दल प्रतियोगिता में भाग लेने गया।
4. सेना - देश की सेना सीमा की रक्षा करती है।
5. समिति - विद्यालय की एक समिति इस कार्यक्रम का आयोजन करेगी।
6. परिवार - मेरा पूरा परिवार इस उत्सव में शामिल हुआ।
7. सभा - गाँव में आज एक बड़ी सभा आयोजित की गई।

8. काफ़िला - यात्रियों का काफ़िला धीरे-धीरे आगे बढ़ रहा था।

9. गिरोह - पुलिस ने चोरों के एक गिरोह को पकड़ लिया।

10. पंक्ति - छात्र कक्षा के बाहर पंक्ति में खड़े थे।

याद रखने की सरल ट्रिक:

जो शब्द एक साथ कई लोगों या वस्तुओं का बोध कराए, वह समूहवाचक संज्ञा होता है।

उदाहरण: झुंड, दल, टोली, सेना, परिवार, भीड़। इसके संबंध में हिंदी व्याकरण में कुछ विशेष बातें ध्यान देने योग्य हैं।

1. रूप की दृष्टि से प्रायः एकवचन: समूहवाचक संज्ञा सामान्यतः एकवचन रूप में होती है, क्योंकि वह पूरे समूह को एक इकाई के रूप में व्यक्त करती है। उदाहरण: विद्यार्थियों का दल प्रतियोगिता में गया। मैदान में गायों का झुंड चर रहा है।

2. क्रिया प्रायः एकवचन में लगती है: समूह को एक इकाई मानकर उसके साथ सामान्यतः एकवचन क्रिया का प्रयोग किया जाता है। उदाहरण: खिलाड़ियों का दल जीत गया। गाँव की सभा शुरू हो गई।

3. कभी-कभी बहुवचन क्रिया भी: यदि समूह के सदस्यों पर अलग-अलग ध्यान दिया जाए तो कभी-कभी बहुवचन क्रिया भी लग सकती है। उदाहरण: विद्यार्थियों का दल आपस में चर्चा कर रहे हैं।

4. संख्या बताने पर बहुवचन: यदि समूह की संख्या बतानी हो तो समूहवाचक संज्ञा का बहुवचन रूप भी बन सकता है।

उदाहरण: मैदान में कई झुंड दिखाई दे रहे हैं। विद्यालय में अनेक समितियाँ काम कर रही हैं।

5. अक्सर 'का/की/के' के साथ प्रयोग: समूहवाचक संज्ञा प्रायः किसी समूह के साथ का/की/के संबंध में आती है। उदाहरण: छात्रों की भीड़, सैनिकों की सेना, पक्षियों का झुंड।

संक्षेप में मुख्य विशेषताएँ: समूह का बोध कराती है; सामान्यतः एकवचन रूप में होती है; इसके साथ अक्सर एकवचन क्रिया लगती है; आवश्यकता पड़ने पर बहुवचन रूप भी बन सकता है।

जातिवाचक संज्ञा और समूहवाचक संज्ञा में भेद

1. जातिवाचक संज्ञा-जिस संज्ञा से किसी व्यक्ति, वस्तु, स्थान या प्राणी की पूरी जाति या वर्ग का बोध होता है, उसे जातिवाचक संज्ञा कहते हैं।

उदाहरण:-लड़का, नदी, शहर, पुस्तक, घोड़ा

इन शब्दों से किसी एक विशेष व्यक्ति या वस्तु का नहीं बल्कि पूरी जाति या वर्ग का बोध होता है।

2. समूहवाचक संज्ञा-जिस संज्ञा से किसी व्यक्ति, वस्तु या प्राणियों के समूह या झुंड का बोध होता है, उसे समूहवाचक संज्ञा कहते हैं।उदाहरण: सेना (सैनिकों का समूह),भीड़ (लोगों का समूह),झुंड (पशुओं का समूह)

अंग्रेज़ी में समूहवाचक संज्ञा (Collective Noun)-अंग्रेज़ी में समूहवाचक संज्ञा को एकवचन (Singular) माना जाता है, भले ही वह कई व्यक्तियों का समूह हो।

हिंदी में समूहवाचक संज्ञा के साथ क्रिया का प्रयोग अर्थ

और संदर्भ के अनुसार होता है।
Definition (English):
A Collective Noun is the name of a group of persons, animals, or things considered as one unit.)

5 द्रव्यवाचक संज्ञा (Material Noun)

परिभाषा (Hindi):
द्रव्यवाचक संज्ञा वह संज्ञा होती है जिससे किसी द्रव्य, पदार्थ या वस्तु के मूल तत्व का बोध होता है। अर्थात जिन शब्दों से किसी ऐसे पदार्थ का नाम प्रकट होता है जिसे मापा या तौला जा सकता है, लेकिन जिसे सामान्य रूप से गिनती में नहीं गिना जाता, उन्हें द्रव्यवाचक संज्ञा कहा जाता है। जैसे–जल, दूध, सोना, चाँदी, तेल, घी, लोहा, मिट्टी आदि। ये सभी शब्द किसी पदार्थ या द्रव्य का नाम बताते हैं, इसलिए इन्हें द्रव्यवाचक संज्ञा कहा जाता है। उदाहरण के लिए "जल" एक द्रव्य है जिसे हम लीटर में मापते हैं, "सोना" एक धातु है जिसे तोला जाता है, और "दूध" एक तरल पदार्थ है जिसे मात्रा में नापा जाता है। सरल शब्दों में कहा जाए तो जो संज्ञा किसी पदार्थ या द्रव्य का नाम बताती है, उसे द्रव्यवाचक संज्ञा कहते हैं। इन शब्दों का प्रयोग सामान्यतः गिनती के रूप में नहीं किया जाता, बल्कि इन्हें मात्रा या वजन के रूप में व्यक्त किया जाता है। जैसे–हम यह नहीं कहते कि "दो दूध" या "तीन पानी", बल्कि कहते हैं "दो लीटर दूध" या "एक

गिलास पानी"। इसी प्रकार सोना, चाँदी, लोहा, तेल और घी भी ऐसे पदार्थ हैं जिन्हें गिना नहीं जाता बल्कि तौला या मापा जाता है। इसलिए ये सभी द्रव्यवाचक संज्ञा के उदाहरण हैं। इस प्रकार जिन शब्दों से किसी पदार्थ या द्रव्य का बोध होता है, उन्हें द्रव्यवाचक संज्ञा कहा जाता है।

जो संज्ञा किसी पदार्थ, द्रव्य या सामग्री का बोध कराए – जिससे वस्तुएँ बनाई जाती हैं या जो तौली/मापी जाती हैं – उसे द्रव्यवाचक संज्ञा कहते हैं।

Definition (English):

A Material Noun is the name of a substance or material from which things are made or which cannot usually be counted.

द्रव्यवाचक संज्ञा वे संज्ञाएँ होती हैं जिनसे किसी पदार्थ, द्रव्य या सामग्री का बोध होता है। इन्हें सामान्यतः गिना नहीं जाता बल्कि तौला या मापा जाता है।

द्रव्यवाचक संज्ञाओं के उदाहरण

पानी, दूध, घी, तेल, नमक, चीनी, आटा, चावल, गेहूँ, दाल, शहद, मक्खन, दही, लोहा, सोना, चाँदी, ताँबा, पीतल, सीमेंट, रेत, मिट्टी, लकड़ी, कोयला, पेट्रोल, डीज़ल, शराब, रस, खून, पारा, काँच, कागज, कपास, ऊन, रेशम, प्लास्टिक।

वाक्यों में प्रयोग

1. पानी - हमें प्रतिदिन पर्याप्त पानी पीना चाहिए।

2. दूध - बच्चा रोज सुबह दूध पीता है।

3. सोना - सोना एक बहुमूल्य धातु है।

4. लोहा - पुल बनाने में लोहे का उपयोग किया जाता है।

5. रेत - मकान बनाने में रेत और सीमेंट की आवश्यकता होती है।

मुख्य विशेषताएँ: 1. सामान्यतः एकवचन में प्रयोग: द्रव्यवाचक संज्ञाएँ प्रायः एकवचन रूप में ही प्रयोग होती हैं। उदाहरण: पानी ठंडा है। दूध उबल रहा है। यहाँ "पानी" और "दूध" का बहुवचन रूप सामान्यतः नहीं बनाया जाता।

2. माप या मात्रा से व्यक्त किया जाता है: द्रव्यवाचक संज्ञाओं को सीधे गिना नहीं जाता, बल्कि माप या मात्रा के साथ बताया जाता है। उदाहरण: एक गिलास पानी, दो किलो चावल, एक लीटर दूध।

3. क्रिया प्रायः एकवचन में आती है: द्रव्यवाचक संज्ञा के साथ सामान्यतः एकवचन क्रिया का प्रयोग होता है। उदाहरण: दूध उबल रहा है। तेल गरम हो गया है।

4. बहुवचन विशेष स्थिति में: यदि द्रव्य के प्रकार या भेद की बात हो तो कभी-कभी बहुवचन रूप भी आ सकता है। उदाहरण: बाजार में कई प्रकार के तेल मिलते हैं। भारत में अलग-अलग चावल पाए जाते हैं।

5. सामान्यतः विशेषण से जुड़ते हैं: द्रव्यवाचक संज्ञाओं के साथ अक्सर गुण बताने वाले शब्द आते हैं। उदाहरण: शुद्ध घी, ठंडा पानी, मीठा दूध।

संक्षेप में मुख्य विशेषताएँ: प्रायः एकवचन में प्रयोग, गिनती नहीं बल्कि माप से व्यक्त, एकवचन क्रिया का प्रयोग, भेद बताने पर बहुवचन संभव।

संज्ञा रूपांतरण : विस्तृत उदाहरण सहित

व्यक्तिवाचक संज्ञा जो भाववाचक रूप में प्रयुक्त होती है

जब किसी विशेष व्यक्ति के नाम का प्रयोग उसके गुण, विचार या चरित्र के अर्थ में किया जाता है, तब वह भाववाचक जैसा प्रयोग होता है।

1. गांधी - सत्य और अहिंसा - उसके अंदर गांधी बसते हैं।
2. बुद्ध - ज्ञान - उसके चेहरे पर बुद्ध है।
3. मीरा - भक्ति - उसकी आवाज में मीरा है।
4. कबीर - सादगी - उसके शब्दों में कबीर है।
5. तुलसी - भक्ति भाव - वह तुलसी जैसा लिखता है।
6. लक्ष्मी - धन - इस घर में लक्ष्मी आई है।
7. सरस्वती - विद्या - उसके भीतर सरस्वती बसती है।
8. दुर्गा - शक्ति - वह दुर्गा बन गई।
9. चाणक्य - बुद्धिमत्ता - वह राजनीति का चाणक्य है।
10. भीम - बल - वह टीम का भीम है।

जातिवाचक संज्ञा से भाववाचक संज्ञा में रूपांतरण

भाषा में कई बार किसी व्यक्ति, वस्तु या प्राणी की जाति या वर्ग का नाम बताने वाली संज्ञा से उसके गुण, अवस्था

या भाव का बोध कराने वाली संज्ञा बनाई जाती है। इस प्रक्रिया को जातिवाचक संज्ञा से भाववाचक संज्ञा में रूपांतरण कहा जाता है। उदाहरण के लिए 'बालक' एक जातिवाचक संज्ञा है, क्योंकि इससे एक वर्ग के व्यक्ति का बोध होता है; जबकि 'बालपन' उस अवस्था या भाव का नाम है, इसलिए वह भाववाचक संज्ञा है।

सरल शब्दों में जब किसी जातिवाचक संज्ञा से उसका गुण, स्वभाव, अवस्था या भाव व्यक्त करने वाला शब्द बनाया जाता है, तो वह भाववाचक संज्ञा कहलाता है। हिंदी में ऐसे शब्द बनाने के लिए प्रायः -पन, -ता, -त्व, -ई, -आन आदि प्रत्ययों का प्रयोग किया जाता है; जैसे–

मित्र → मित्रता,	बालक → बालपन,
मनुष्य → मनुष्यता।	बालक→बालपन,
गुरु→गुरुत्व,	शत्रु→शत्रुता,
देव→देवत्व	मूर्ख→मूर्खता,
बुद्धिमान→बुद्धिमत्ता,	सज्जन→सज्जनता
दुष्ट→दुष्टता,	सरल→सरलता,
कठोर→कठोरता	मधुर→मधुरता,
नम्र→नम्रता	धीर→धीरता
वीर→वीरता,	उदार→उदारता,

चतुर→चतुराई	बाल→बालपन,
युवा→युवावस्था	वृद्ध→वृद्धावस्था
राजा→राजत्व,	सेवक→सेवाभाव,
मित्र→मित्रता	पंडित→पंडिताई,
नेता→नेतृत्व,	कवि→कवित्व
गंभीर→गंभीरता,	शांत→शांति,
क्रूर→क्रूरता	सुंदर→सुंदरता,
पवित्र→पवित्रता	सत्य→सत्यता
भला→भलाई,	बुरा→बुराई
मीठा→मिठास	

दयालु→दयालुता,	साहसी→साहस,
चोर→चोरी	शिक्षक→शिक्षा,
लेखक→लेखन,	चालक→चालन
बालक → बालपन	मित्र → मित्रता
गुरु → गुरुत्व	बच्चा → बचपन
वीर → वीरता	सुंदर → सुंदरता
ज्ञानी → ज्ञान	दयालु → दया
ईमानदार → ईमानदारी	गरीब → गरीबी
अमीर → अमीरी	राजा → राजत्व
नेता → नेतृत्व	भक्त → भक्त
सच्चा → सच्चाई	कठोर → कठोरता

मधुर → मधुरता
बुद्धिमान → बुद्धिमानी
पवित्र → पवित्रता
स्वतंत्र → स्वतंत्रता
मानव → मानवता
भाई → भाईचारा
सज्जन → सज्जनता आदि।

क्रिया से भाववाचक संज्ञा में रूपांतरण

हिंदी व्याकरण में कई बार ऐसे शब्द बनाए जाते हैं जिनसे किसी कार्य, क्रिया या प्रक्रिया का भाव प्रकट होता है। जब किसी क्रिया (काम या कार्य बताने वाले शब्द) से उस कार्य का नाम या भाव बनाया जाता है, तो उसे क्रिया से भाववाचक संज्ञा में रूपांतरण कहा जाता है। जैसे–चलना, पढ़ना, लिखना, बोलना, हँसना आदि क्रियाएँ हैं; लेकिन जब इन्हीं से चाल, पढ़ाई, लेखन, बोल, हँसी जैसे शब्द बनते हैं, तो वे भाववाचक संज्ञा बन जाते हैं।

सरल शब्दों में जब किसी क्रिया से उस कार्य की स्थिति, प्रक्रिया या भाव का नाम बनाया जाता है, तो वह भाववाचक संज्ञा कहलाती है। हिंदी में ऐसे शब्द बनाने के लिए -न, -ना, -ई, -आन, -अव, -न, आदि रूपों का प्रयोग होता है; जैसे–पढ़ना→पढ़ाई, लिखना→लेखन, चलना→चाल, जीना→जीवन। उदाहरण

चलना→चाल, पढ़ना→पढ़ाई, लिखना→लेखन

बोलना→बोल, हँसना→हँसी, रोना→रोना

सोचना→सोच, समझना→समझ, देखना→दर्शन

सुनना→श्रवण, खेलना→खेल, लड़ना→लड़ाई

जीना→जीवन, मरना→मृत्यु, बढ़ना→वृद्धि

गिरना→गिरावट, उठना→उठान, बनना→निर्माण

खोजना→खोज, जीतना→जीत, हारना→हार

सिखाना→शिक्षा, सीखना→सीख, बचाना→बचाव

रचना→रचना, सेवा करना→सेवा, रक्षा करना→रक्षा

प्रेम करना→प्रेम, पूजा करना→पूजा, त्याग करना→त्याग

लिखना→लेखन, पढ़ना→पठन, बोलना→भाषण

चलना→चलन, उठना→उत्थान, गिरना→पतन

विशेषण से भाववाचक संज्ञा में रूपांतरण

हिंदी व्याकरण में कई बार ऐसे शब्द बनाए जाते हैं जिनसे किसी गुण, स्वभाव या अवस्था का भाव प्रकट हो। जब किसी विशेषण (गुण बताने वाले शब्द) से उस गुण या

अवस्था का नाम बनाया जाता है, तो उसे विशेषण से भाववाचक संज्ञा में रूपांतरण कहा जाता है। जैसे–सुंदर, मीठा, कठोर, नम्र आदि विशेषण हैं; लेकिन जब इन्हीं से सुंदरता, मिठास, कठोरता, नम्रता जैसे शब्द बनते हैं, तो वे भाववाचक संज्ञा बन जाते हैं।

सरल शब्दों में जब किसी विशेषण से उसके गुण या अवस्था का नाम बनाया जाता है, तो वह भाववाचक संज्ञा कहलाती है। हिंदी में ऐसे शब्द बनाने के लिए सामान्यतः -ता, -पन, -ई, -आस, -आहट, -त्व आदि प्रत्ययों का प्रयोग किया जाता है;

उदाहरण

मीठा→मिठास, कड़वा→कड़वाहट, खट्टा→खटास

सुंदर→सुंदरता, पवित्र→पवित्रता, स्वच्छ→स्वच्छता

सच्चा→सच्चाई, झूठा→झूठ, ऊँचा→ऊँचाई

नीचा→नीचता, लंबा→लंबाई, चौड़ा→चौड़ाई

गहरा→गहराई, मोटा→मोटाई, पतला→पतलापन

भारी→भार, हल्का→हल्कापन, कठोर→कठोरता

मृदु→मृदुता, सरल→सरलता, नम्र→नम्रता

उदार→उदारता, दयालु→दयालुता, क्रूर→क्रूरता

शांत→शांति, गंभीर→गंभीरता, धनी→धन

गरीब→गरीबी, स्वतंत्र→स्वतंत्रता, शक्तिशाली→शक्ति

सुशील→सुशीलता, बुद्धिमान→बुद्धिमत्ता, चतुर→चतुराई

विनम्र→विनम्रता, सज्जन→सज्जनता, दयालु→दयालुता

भाववाचक → जातिवाचक (उदाहरण)

सुंदरता → सुंदर व्यक्ति वीरता → वीर

दया → दयालु व्यक्ति ईमानदारी → ईमानदार

सच्चाई → सच्चा व्यक्ति गरीबी → गरीब

अमीरी → अमीर बुद्धिमानी → बुद्धिमान

मित्रता → मित्र मानवता → मानव

भक्ति → भक्त नेतृत्व → नेता

स्वच्छता → स्वच्छ व्यक्ति आदि।

जयचंद, भारतेंदु, नेहरू - व्यक्तिवाचक एवं जातिवाचक संज्ञा के उदाहरण

● 1 जयचंद

(A) व्यक्तिवाचक संज्ञा (Proper Noun)

जब यह किसी विशेष ऐतिहासिक व्यक्ति का नाम हो।

उदाहरण:

1. जयचंद गाहड़वाल वंश के राजा थे।
2. इतिहास में जयचंद का नाम प्रसिद्ध है।

👉 यहाँ "जयचंद" एक विशेष व्यक्ति का नाम है।

(B) जातिवाचक संज्ञा (Common Noun)

जब "जयचंद" शब्द का प्रयोग विश्वासघाती (गद्दार) के अर्थ में हो।

उदाहरण:

1. देश को जयचंदों से सावधान रहना चाहिए।
2. वह अपने मित्रों के साथ जयचंद निकला।

👉 यहाँ "जयचंद" किसी भी विश्वासघाती व्यक्ति के लिए प्रयुक्त हुआ है।

2 भारतेंदु

(A) व्यक्तिवाचक संज्ञा

भारतेंदु हरिश्चंद्र एक प्रसिद्ध हिंदी लेखक थे।

उदाहरण:

1. भारतेंदु को आधुनिक हिंदी साहित्य का जनक कहा जाता है।
2. भारतेंदु हरिश्चंद्र ने हिंदी को नई दिशा दी।

👉 यहाँ "भारतेंदु" एक विशेष लेखक का नाम है।

(B) जातिवाचक संज्ञा

जब "भारतेंदु" शब्द का प्रयोग हिंदी प्रेमी या साहित्य सुधारक के अर्थ में हो।

उदाहरण:

1. वह हिंदी का भारतेंदु बनना चाहता है।
2. आज हमें नए भारतेंदुओं की आवश्यकता है।

यहाँ "भारतेंदु" किसी भी हिंदी सेवक के लिए प्रयुक्त हुआ है।

3 नेहरू

(A) व्यक्तिवाचक संज्ञा

जवाहरलाल नेहरू भारत के प्रथम प्रधानमंत्री थे।

उदाहरण:

1. नेहरू भारत के पहले प्रधानमंत्री थे।
2. नेहरू ने आधुनिक भारत की नींव रखी।

यहाँ "नेहरू" एक विशेष व्यक्ति का नाम है।

(B) जातिवाचक संज्ञा

जब "नेहरू" शब्द का प्रयोग आधुनिक सोच वाले नेता के अर्थ में हो।

उदाहरण:

1. आज देश को नए नेहरू की जरूरत है।
2. वह अपने विचारों में नेहरू जैसा है।

👉 यहाँ "नेहरू" किसी भी आधुनिक विचारधारा वाले नेता के लिए प्रयुक्त हुआ है।

कब व्यक्तिवाचक संज्ञा जातिवाचक बन जाती है?

जब किसी विशेष नाम का प्रयोग पूरे वर्ग के लिए होने लगे।

उदाहरण:

1. वह अपने मोहल्ले का गांधी है।
2. हर घर में एक राम चाहिए।
3. वह क्रिकेट का सचिन है।

जयचंद - व्यक्तिवाचक: एक राजा का नाम | जातिवाचक: विश्वासघाती व्यक्ति

भारतेंदु - व्यक्तिवाचक: लेखक का नाम | जातिवाचक: हिंदी सेवक

नेहरू - व्यक्तिवाचक: प्रधानमंत्री का नाम | जातिवाचक: आधुनिक विचार वाला नेता प्रश्न

1. निम्न में से व्यक्तिवाचक संज्ञा कौन-सी है? REET 2021 A. लड़का B. नदी C. गंगा D. शहर

प्रश्न 2. 'ईमानदारी' किस प्रकार की संज्ञा है? CTET 2020 A. जातिवाचक B. व्यक्तिवाचक C. भाववाचक D. समूहवाचक

प्रश्न 3. 'सेना' शब्द किस प्रकार की संज्ञा है? RPSC 2nd Grade 2018 A. व्यक्तिवाचक B. समूहवाचक C. भाववाचक D. जातिवाचक

प्रश्न 4. निम्न में से भाववाचक संज्ञा कौन-सी है? REET 2022 A. लड़का B. पुस्तक C. सुंदरता D. घोड़ा

प्रश्न 5. 'दिल्ली भारत की राजधानी है।' वाक्य में 'दिल्ली' क्या है? CUET 2023 A. जातिवाचक संज्ञा B.

व्यक्तिवाचक संज्ञा C. भाववाचक संज्ञा D. समूहवाचक संज्ञा

प्रश्न 6. 'बालक' शब्द किस प्रकार की संज्ञा है? राजस्थान पटवारी 2021 A. व्यक्तिवाचक B. जातिवाचक C. भाववाचक D. समूहवाचक

प्रश्न 7. 'मित्रता' किस प्रकार की संज्ञा है?
Sub-Inspector 2019 A. व्यक्तिवाचक B. जातिवाचक C. भाववाचक D. समूहवाचक

प्रश्न 8. 'भीड़' शब्द किस प्रकार की संज्ञा है? राजस्थान ग्रामसेवक 2021 A. भाववाचक B. समूहवाचक C. जातिवाचक D. व्यक्तिवाचक

प्रश्न 9. निम्न में से कौन-सा शब्द भाववाचक संज्ञा है? NET 2019 A. बालक B. सुंदरता C. विद्यालय D. नदी

प्रश्न 10. 'हिमालय भारत का प्रसिद्ध पर्वत है।' वाक्य में 'हिमालय' क्या है? TGT 2022 A. व्यक्तिवाचक संज्ञा B. जातिवाचक संज्ञा C. भाववाचक संज्ञा D. समूहवाचक संज्ञा

उत्तरमाला: 1-C, 2-C, 3-B, 4-C, 5-B, 6-B, 7-C, 8-B, 9-B, 10-A प्रश्न 1. 'राम' किस प्रकार की संज्ञा है? REET भर्ती परीक्षा 2019 A. जातिवाचक B. व्यक्तिवाचक C. भाववाचक D. समूहवाचक

प्रश्न 2. 'बचपन' किस प्रकार की संज्ञा है? CTET भर्ती परीक्षा 2021 A. जातिवाचक B. भाववाचक C. व्यक्तिवाचक D. समूहवाचक

प्रश्न 3. 'झुंड' शब्द किस प्रकार की संज्ञा है? RPSC सेकंड ग्रेड भर्ती परीक्षा 2016 A. समूहवाचक B. जातिवाचक C. भाववाचक D. व्यक्तिवाचक

प्रश्न 4. 'लड़की' शब्द किस प्रकार की संज्ञा है? REET भर्ती परीक्षा 2022 A. व्यक्तिवाचक B. जातिवाचक C. भाववाचक D. समूहवाचक

प्रश्न 5. 'ज्ञान' किस प्रकार की संज्ञा है? UGC-NET भर्ती परीक्षा 2018 A. भाववाचक B. जातिवाचक C. व्यक्तिवाचक D. समूहवाचक

प्रश्न 6. 'मुंबई' शब्द किस प्रकार की संज्ञा है? CUET भर्ती परीक्षा 2022 A. जातिवाचक B. भाववाचक C. व्यक्तिवाचक D. समूहवाचक

प्रश्न 7. 'टोली' शब्द किस प्रकार की संज्ञा है? राजस्थान ग्रामसेवक भर्ती परीक्षा 2021 A. समूहवाचक B. व्यक्तिवाचक C. जातिवाचक D. भाववाचक

प्रश्न 8. 'बालक' शब्द किस प्रकार की संज्ञा है? राजस्थान पटवारी भर्ती परीक्षा 2020 A. व्यक्तिवाचक B. जातिवाचक C. भाववाचक D. समूहवाचक

प्रश्न 9. 'गरीबी' किस प्रकार की संज्ञा है? REET भर्ती परीक्षा 2018 A. भाववाचक B. व्यक्तिवाचक C. जातिवाचक D. समूहवाचक

प्रश्न 10. 'विद्यालय' किस प्रकार की संज्ञा है? CTET भर्ती परीक्षा 2019 A. व्यक्तिवाचक B. भाववाचक C. जातिवाचक D. समूहवाचक

प्रश्न 11. 'भारत' किस प्रकार की संज्ञा है? UGC-NET भर्ती परीक्षा 2020 A. व्यक्तिवाचक B. जातिवाचक C. भाववाचक D. समूहवाचक

प्रश्न 12. 'समूह' शब्द किस प्रकार की संज्ञा है? REET भर्ती परीक्षा 2021 A. समूहवाचक B. व्यक्तिवाचक C. भाववाचक D. जातिवाचक

प्रश्न 13. 'खुशी' किस प्रकार की संज्ञा है? CUET भर्ती परीक्षा 2023 A. भाववाचक B. व्यक्तिवाचक C. जातिवाचक D. समूहवाचक

प्रश्न 14. 'पुस्तक' किस प्रकार की संज्ञा है? राजस्थान पटवारी भर्ती परीक्षा 2019 A. जातिवाचक B. व्यक्तिवाचक C. भाववाचक D. समूहवाचक

प्रश्न 15. 'दल' शब्द किस प्रकार की संज्ञा है? राजस्थान ग्रामसेवक भर्ती परीक्षा 2020 A. समूहवाचक B. जातिवाचक C. व्यक्तिवाचक D. भाववाचक

प्रश्न 16. 'प्रेम' किस प्रकार की संज्ञा है? REET भर्ती परीक्षा 2022 A. भाववाचक B. जातिवाचक C. व्यक्तिवाचक D. समूहवाचक

प्रश्न 17. 'पुलिस' किस प्रकार की संज्ञा है? Sub-Inspector भर्ती परीक्षा 2019 A. समूहवाचक B. जातिवाचक C. व्यक्तिवाचक D. भाववाचक

प्रश्न 18. 'शेर' किस प्रकार की संज्ञा है? CTET भर्ती परीक्षा 2017 A. जातिवाचक B. व्यक्तिवाचक C. भाववाचक D. समूहवाचक

प्रश्न 19. 'दिल्ली' किस प्रकार की संज्ञा है? REET भर्ती परीक्षा 2020 A. व्यक्तिवाचक B. जातिवाचक C. भाववाचक D. समूहवाचक

प्रश्न 20. 'मित्रता' किस प्रकार की संज्ञा है? UGC-NET भर्ती परीक्षा 2019 A. भाववाचक B. व्यक्तिवाचक C. जातिवाचक D. समूहवाचक

उत्तरमाला: 1-B, 2-B, 3-A, 4-B, 5-A, 6-C, 7-A, 8-B, 9-A, 10-C, 11-A, 12-A, 13-A, 14-A, 15-A, 16-A, 17-A, 18-A, 19-A, 20-A

Noun - Number (वचन) : परिभाषा, नियम एवं उदाहरण

Noun - Number (वचन) की परिभाषा

Definition in English:

Number is the form of a noun that shows whether it refers to one person or thing (Singular) or more than one person or thing (Plural).

हिंदी में परिभाषा:

संज्ञा का वह रूप जो यह बताता है कि वह एक है या एक से अधिक, उसे वचन (Number) कहते हैं। Number के दो प्रकार-एकवचन और बहुवचन

1. Singular Number (एकवचन)-: जिस शब्द से एक व्यक्ति, वस्तु, स्थान या भाव का बोध होता है, उसे एकवचन कहते हैं। उदाहरण–लड़का, किताब, पेड़, नदी, । अपने-आप में एकवचन माने जाने वाले शब्द (संक्षिप्त सूची)

पानी, दूध, घी, तेल, दही, मक्खन, शहद, चीनी, नमक, आटा, चावल, अनाज, सोना, चाँदी, लोहा, ताँबा, मिट्टी, रेत, धूल, धुआँ, ज्ञान, विज्ञान, इतिहास, साहित्य, संगीत, साहस, धैर्य, प्रेम, क्रोध, भय, सुख, दुःख, समय, बचपन, यौवन, बुढ़ापा, स्वास्थ्य, धन, भोजन, प्रकाश, अंधकार।

पहचान कैसे करें:

(1) द्रव्य/पदार्थ–पानी, दूध, घी–अधिकतर एकवचन।

(2) खाद्य/अनाज–चावल, आटा, नमक, चीनी–एकवचन।

(3) भाव/गुण–प्रेम, क्रोध, साहस, धैर्य–एकवचन।

(4) अमूर्त शब्द–ज्ञान, विज्ञान, इतिहास, साहित्य–एकवचन

(5) वाक्य में प्रयोग: पानी ठंडा है, दूध अच्छा है, ज्ञान आवश्यक है।

2. Plural Number (बहुवचन) -जिस शब्द से एक से अधिक व्यक्ति, वस्तु, स्थान या भाव का बोध होता है, उसे बहुवचन कहते हैं। उदाहरण–लड़के, किताबें, पेड़, नदियाँ,

घर।

अपने-आप में बहुवचन माने जाने वाले शब्द (संक्षिप्त)

लोग, प्राण, दर्शन, समाचार, आँसू, हस्ताक्षर, दाम, कपड़े, होश, अक्षत, संस्कार, बाल-बच्चे, लोग-बाग, अवशेष, उपकरण, सामान, कागजात।

पहचान कैसे करें: (1) जो शब्द अनेक व्यक्तियों/वस्तुओं का बोध कराते हैं–लोग, प्राण–बहुवचन। (2) समूह या जोड़े का अर्थ–कपड़े, कागजात, अवशेष–अक्सर बहुवचन। (3) परंपरा से बहुवचन प्रयोग–समाचार, दर्शन, होश। (4) वाक्य में क्रिया देखें: लोग आ रहे हैं, समाचार आ गए हैं, मेरे प्राण बच गए।

एकवचन-बहुवचन में समान रहने वाले शब्द: आदमी, किसान, शिक्षक, डॉक्टर, इंजीनियर, पुलिस, सैनिक, दर्शक, छात्र, अध्यापक, मंत्री, कर्मचारी, व्यापारी, अधिकारी, खिलाड़ी, साधु, संत, हिरण, भेड़, मछली, कबूतर, उल्लू, पशु, जानवर। पहचान: इन शब्दों का रूप नहीं बदलता; वाक्य की क्रिया या संख्या से पता चलता है–जैसे: एक आदमी आ रहा है / कई आदमी आ रहे हैं; एक हिरण है / कई हिरण हैं।

हिंदी में लिंग की परिभाषा:

संज्ञा का वह रूप जिससे यह पता चले कि शब्द पुल्लिंग है या स्त्रीलिंग, उसे लिंग कहते हैं। मुख्य प्रकार:1. पुल्लिंग 2. स्त्रीलिंग

नियम 1: पुरुष जाति के शब्द पुल्लिंग होते हैं
लड़का-आदमी-पिता | भाई-राजा-पुत्र | गुरु-साधु-देव
शेर-बाघ-घोड़ा | कवि-लेखक-गायक
नियम 2: स्त्री जाति के शब्द स्त्रीलिंग होते हैं
लड़की-स्त्री-माता | बहन-रानी-पुत्री | देवी-साध्वी-गुरुमाता
शेरनी-बाघिन-घोड़ी | कवयित्री-लेखिका-गायिका
नियम 3: 'आ' पर समाप्त शब्द प्रायः पुल्लिंग
लड़का-बेटा-घोड़ा | कमरा-दरवाज़ा-पौधा
धागा-पत्ता-चश्मा | राजा-रास्ता-सपना
(अपवाद: माला, रेखा, सभा)
नियम 4: 'ई/इ' पर समाप्त शब्द प्रायः स्त्रीलिंग
लड़की-नदी-कुर्सी | थाली-चिड़िया-गली
रानी-नारी-देवी | चाबी-डाली-पगड़ी
(अपवाद: पानी, दही)
नियम 5: 'नी/इन/का/इका' जोड़कर स्त्रीलिंग बनता है
शेर-शेरनी | बाघ-बाघिन | ठाकुर-ठाकुराइन
पंडित-पंडिताइन | गायक-गायिका | नायक-नायिका
सेवक-सेविका | बालक-बालिका | लेखक-लेखिका
स्वामी-स्वामिनी
नियम 6: कुछ शब्दों के लिंग अलग शब्दों से बनते हैं
राजा-रानी | देव-देवी | पिता-माता

भाई-बहन | पुत्र-पुत्री | चाचा-चाची

मामा-मामी | दादा-दादी | नाना-नानी

वर-वधू

नियम 7: निर्जीव वस्तुओं का लिंग परंपरा से निर्धारित

पुल्लिंग: कमरा-कागज़-पत्थर | पहाड़-जंगल-बादल

स्त्रीलिंग: मेज़-कुर्सी-किताब | सड़क-दीवार-छत

घड़ी-बाल्टी-चाबी

नियम 8: कुछ शब्द दोनों लिंग में समान

शिक्षक | डॉक्टर | मंत्री | विद्यार्थी | खिलाड़ी

Gender (लिंग) - Consolidated Exam Questions

हिंदी पुल्लिंग → स्त्रीलिंग

कवि→कवयित्री |	गायक→गायिका |
लेखक→लेखिका	सेवक→सेविका |
नायक→नायिका |	पंडित→पंडिताइन |
ठाकुर→ठाकुराइन	धोबी→धोबिन |
साधु→साध्वी |	बालक→बालिका |
स्वामी→स्वामिनी	राजा→रानी |
पुत्र→पुत्री |	अभिनेता→अभिनेत्री |
मालिक→मालकिन	राजा-रानी ,
देव-देवी	पुत्र-पुत्री ,
भाई-बहन	पिता-माता ,

वर-वधू नायक-नायिका ,

अध्यापक-अध्यापिका , अभिनेता-अभिनेत्री

सेवक-सेविका दाता-दात्री

शिष्य-शिष्या , कवि-कवयित्री ,

मालिक-मालकिन धोबी-धोबिन ,

बाघ-बाघिन शेर-शेरनी ,

घोड़ा-घोड़ी कुत्ता-कुतिया ,

बिल्ला-बिल्ली हिरण-हिरणी ,

हाथी-हथिनी बंदर-बंदरिया ,

खरगोश-मादा खरगोश कबूतर-मादा कबूतर ,

कौआ-मादा कौआ भालू-मादा भालू ,

चील-मादा चील नर मछली-मादा मछली

पुल्लिंग-स्त्रीलिंग में समान रूप वाले शब्द: डॉक्टर, इंजीनियर, शिक्षक, प्रोफेसर, कलाकार, नेता, मंत्री, सदस्य, खिलाड़ी, अधिकारी, व्यापारी, सैनिक, पुलिस, विद्यार्थी, पाठक, दर्शक, मित्र, साथी, शत्रु, पड़ोसी। परिचय: इन शब्दों का रूप पुल्लिंग और स्त्रीलिंग दोनों में नहीं बदलता; लिंग वाक्य के संदर्भ, सर्वनाम या विशेषण से पहचाना जाता है। उदाहरण—वह अच्छा शिक्षक है / वह अच्छी शिक्षक है; राम मेरा मित्र है / सीता मेरी मित्र है।

प्रश्न 1. 'कवि' का स्त्रीलिंग क्या है? (REET 2021) A. कविका B. कविया C. कवयित्री D. कविनी

प्रश्न 2. 'सड़क' शब्द का लिंग क्या है? (CTET 2019) A. पुल्लिंग B. स्त्रीलिंग C. उभयलिंग D. नपुंसकलिंग

प्रश्न 3. 'लड़की' का बहुवचन क्या होगा? (REET 2022) A. लड़कीए B. लड़कीयाँ C. लड़कियाँ D. लड़कियें

प्रश्न 4. 'मालिक' का स्त्रीलिंग क्या है? (SSC-LDC 2018) A. मालिका B. मालिकिन C. मालकिन D. मालिकिनी

प्रश्न 5. 'नदी' का बहुवचन क्या होगा? (राजस्थान पटवारी 2021) A. नदियें B. नदियाँ C. नदिया D. नदियों

प्रश्न 6. 'आँख' शब्द का लिंग क्या है? (REET 2018) A. पुल्लिंग B. स्त्रीलिंग C. उभयलिंग D. नपुंसकलिंग

प्रश्न 7. 'साधु' का स्त्रीलिंग क्या होगा? (RPSC 2nd Grade 2020) A. साधुनी B. साधिका C. साध्वी D. साधिनी

प्रश्न 8. 'आदमी' का बहुवचन क्या है? (CUET 2023) A. आदमी B. आदमियाँ C. आदमीगण D. आदमियों

प्रश्न 9. 'गायक' का स्त्रीलिंग क्या है? (TGT 2022) A. गायकी B. गायिका C. गायिनी D. गायका

प्रश्न 10. 'किताब' का बहुवचन क्या होगा? (राजस्थान ग्रामसेवक 2021) A. किताबों B. किताबें C. किताबे D. किताबियाँ

उत्तर: 1-C, 2-B, 3-C, 4-C, 5-B, 6-B, 7-C, 8-A, 9-B, 10-B

-

2 सर्वनाम (Pronoun) -

परिभाषा, प्रकार एवं उदाहरण

सर्वनाम हिंदी व्याकरण का एक महत्वपूर्ण शब्द भेद है। जिस शब्द का प्रयोग संज्ञा के स्थान पर किया जाता है, उसे सर्वनाम कहा जाता है। भाषा में बार-बार एक ही संज्ञा शब्द को दोहराने से वाक्य बोझिल और असुविधाजनक हो जाता है। ऐसी स्थिति में संज्ञा के स्थान पर जो शब्द प्रयोग किए जाते हैं, वे सर्वनाम कहलाते हैं। उदाहरण के लिए–राम विद्यालय जाता है। वह प्रतिदिन समय पर पहुँचता है। इस वाक्य में "वह" शब्द "राम" के स्थान पर प्रयुक्त हुआ है, इसलिए "वह" सर्वनाम है। इसी प्रकार मैं, तुम, वह, यह, हम, वे, कौन, कोई आदि शब्द सर्वनाम के उदाहरण हैं। इस प्रकार कहा जा सकता है कि जो शब्द संज्ञा के स्थान पर प्रयोग होकर उसी का बोध कराते हैं, उन्हें सर्वनाम कहा जाता है।

सरल शब्दों में कहा जाए तो सर्वनाम वह शब्द है जो संज्ञा की पुनरावृत्ति से बचाने के लिए उसके स्थान पर प्रयोग किया जाता है। उदाहरण के लिए–सीता एक अच्छी छात्रा है। वह प्रतिदिन पढ़ाई करती है। यहाँ "वह" शब्द "सीता" के स्थान पर आया है। इसी प्रकार "मैं", "तुम", "यह", "वे",

"हम" आदि शब्द भी संज्ञा के स्थान पर प्रयुक्त होते हैं। इसलिए इन्हें सर्वनाम कहा जाता है। भाषा को सरल, सुगम और प्रभावी बनाने में सर्वनाम का बहुत महत्वपूर्ण योगदान होता है, क्योंकि इनके प्रयोग से वाक्य छोटे, स्पष्ट और सुन्दर बन जाते हैं।

संस्कृत व्याकरण में भी सर्वनाम का विशेष महत्व माना गया है। संस्कृत के महान व्याकरणाचार्य पाणिनि ने सर्वनाम शब्दों के लिए "सर्वनाम संज्ञा" का उल्लेख किया है। पाणिनि के अनुसार वे शब्द जो सभी नामों (संज्ञाओं) के स्थान पर प्रयोग हो सकते हैं, उन्हें सर्वनाम कहा जाता है। संस्कृत में सर्वनाम के रूप में "अस्मद् (मैं/हम), युष्मद् (तुम/तुम लोग), तद् (वह), एतद् (यह), किम् (कौन)" आदि शब्द प्रसिद्ध हैं। संस्कृत के आचार्यों ने यह भी बताया है कि सर्वनाम शब्द संज्ञा के स्थान पर प्रयोग होकर व्यक्ति, वस्तु या स्थान का बोध कराते हैं। इस प्रकार संस्कृत और हिंदी दोनों व्याकरणों में सर्वनाम का कार्य संज्ञा के स्थान पर प्रयोग होकर अर्थ को स्पष्ट करना माना गया है।

सर्वनाम की परिभाषा (Hindi):
जो शब्द संज्ञा (Noun) के स्थान पर प्रयुक्त होता है, उसे सर्वनाम कहते हैं।
वाक्य में संज्ञा शब्द की पुनरावृति न हो इसलिए संज्ञा

शब्द की जगह सर्वनाम का प्रयोग किया जाता है

Definition (English):

A pronoun is a word used in place of a noun to avoid repetition.

1 पुरुषवाचक सर्वनाम (Personal Pronoun)

परिभाषा:

व्यक्ति या वस्तु के स्थान पर प्रयुक्त होने वाले सर्वनाम पुरुषवाचक सर्वनाम कहलाते हैं।

या

जो सर्वनाम बोलने वाले (वक्ता), सुनने वाले (श्रोता) या किसी अन्य व्यक्ति के स्थान पर प्रयुक्त होते हैं, उन्हें पुरुषवाचक सर्वनाम कहते हैं।

अथवा

व्यक्तिवाचक संज्ञा के स्थान पर प्रयुक्त होने वाले सर्वनाम भी पुरुषवाचक हो सकते हैं

पुरूषवाचक सर्वनाम तीन प्रकार के होते है

तीन प्रकार:

(1) प्रथम पुरुष (First Person): जो सर्वनाम बोलने वाले या लिखने वाले (वक्ता) का बोध कराते हैं, उन्हें उत्तम पुरुष कहते हैं। मैं, हम (I, We)

उदाहरण: मैं छात्र हूँ। / I am a student.

हम तैयार हैं। / We are ready.

(2) मध्यम पुरुष (Second Person): जो सर्वनाम सुनने वाले या जिससे बात की जा रही हो (श्रोता) का बोध कराते हैं, उन्हें मध्यम पुरुष कहते हैं।

तुम, आप (You)

उदाहरण: तुम कहाँ जा रहे हो? / You are my friend.

आप कैसे हैं?

(3) अन्य पुरुष (Third Person): जो सर्वनाम उस व्यक्ति या वस्तु का बोध कराते हैं जिसके बारे में बात की जा रही हो, उन्हें अन्य या तृतीय पुरुष कहते हैं।

वह, वे (He, She, It, They)

उदाहरण: वह मेरा भाई है। / He is playing.

वे छात्र हैं। / They are happy.

पुरुषवाचक सर्वनाम		Subjective	Objective	
प्रथम पुरुष	वक्ता /speaker	मैं ,हम/I ,we	Me ,us /मुझे ,हमको	

मध्यम पुरुष	श्रोता /listener	तुम /you	You	
अन्य पुरुष	अन्य जिसके बारे में बात करे	यह वह ये वे /he ,she ,it ,they	Him ,her ,it ,them	

2 निश्चयवाचक सर्वना (Definite Pronoun)

परिभाषा:

किसी निश्चित व्यक्ति या वस्तु के स्थान पर प्रयुक्त होने वाले सर्वनाम

या

जो सर्वनाम किसी निश्चित व्यक्ति, वस्तु या स्थान की ओर संकेत करें, उन्हें निश्चयवाचक सर्वनाम कहते है ये निश्चित व्यक्ति, वस्तु या स्थान निकट या दूर हो सकते है अतः निकट के लिए this ओर these तथा दूर के लिए that और these का प्रयोग किया जाएगा

प्रकार:

निकटवर्ती - यह, ये (This, These)

दूरवर्ती - वह, वे (That, Those)

उदाहरण:

यह मेरा घर है। / This is my book.

वह मेरा मित्र है। / That is a car.

> पहचान -इनके बाद अंग्रेजी वाक्य में क्रिया शब्द प्रयुक्त होगा

3 अनिश्चयवाचक सर्वनाम (Indefinite Pronoun)

परिभाषा:

जो किसी अनिश्चित व्यक्ति या वस्तु का बोध कराए।

या जो सर्वनाम किसी निश्चित व्यक्ति, वस्तु या संख्या का बोध न कराकर अनिश्चित (अस्पष्ट) व्यक्ति या वस्तु का बोध कराएँ, उन्हें अनिश्चितवाचक सर्वनाम (Indefinite Pronoun) कहते हैं।

उदाहरण:

कोई आया है।

कुछ लोग बाहर खड़े हैं।

किसी ने मुझे बुलाया।

कई आए थे।मुख्य अनिश्चितवाचक सर्वनाम:

कोई, कुछ, किसी, कई, सब, कोई भी, कुछ भी, अमुक, फलाँ आदि।

उदाहरण:

कोई आया है। / Someone is calling.

कुछ लोग बाहर हैं। / Nothing is impossible.

4 संबंधवाचक सर्वनाम (Relative Pronoun)

परिभाषा:

जो दो वाक्यों को जोड़ता है और पहले आए संज्ञा से संबंध स्थापित करता है।

या जो सर्वनाम वाक्य में पहले आए हुए किसी संज्ञा या सर्वनाम से संबंध (Relation) बताता है, उसे संबंधवाचक सर्वनाम कहते हैं।यह आमतौर पर दो वाक्यों को जोड़ने का काम भी करता है।

मुख्य संबंधवाचक सर्वनाम:

जो, सो / जो, वह / जिसका, उसकी / जिसे, उसे / जिनका, उनका आदि।

उदाहरण:

जो लड़का खेल रहा है,वह मेरा भाई है।

जिसने मेहनत की,उसने सफलता पाई।

जिसका घर बड़ा है,उसका परिवार भी बड़ा है।

जिसे तुम बुलाओगे, वह आएगा।

जो पढ़ता है, वह आगे बढ़ता है।जिनके पास समय है, वे आ सकते हैं

उदाहरण:

जो लड़का खेल रहा है, वह मेरा भाई है।

The boy who is running is my friend.

This is the book that I bought.

5 प्रश्नवाचक सर्वनाम (Interrogative Pronoun)

परिभाषा:

जो प्रश्न पूछने के लिए प्रयुक्त हो।

या जो सर्वनाम किसी व्यक्ति, वस्तु या बात के बारे में प्रश्न पूछने के लिए प्रयुक्त होते हैं, उन्हें प्रश्नवाचक सर्वनाम कहते हैं।

मुख्य प्रश्नवाचक सर्वनाम:

कौन, क्या, किसने, किसका, किसे आदि।

उदाहरण:कौन आया है? Who are you?

किसने दरवाज़ा खोला?

किसका बैग यहाँ रखा है?

उदाहरण

क्या हुआ? / What is this?

6 निजवाचक सर्वनाम (Reflexive Pronoun)

परिभाषा:

जो सर्वनाम कर्ता के कार्य का प्रभाव उसी कर्ता पर दर्शाए।

या जो सर्वनाम कर्ता (Subject) का अपने ही ऊपर

अधिकार या संबंध प्रकट करते हैं, उन्हें निजवाचक सर्वनाम कहते हैं।इनका प्रयोग यह बताने के लिए होता है कि काम करने वाला स्वयं उसी से संबंधित है।

मुख्य निजवाचक सर्वनाम:

अपना, अपने, अपनी, स्वयं, खुद, अपने आप, निज

उदाहरण (प्रत्येक से एक-एक वाक्य):

अपना -

मैं अपना काम कर रहा हूँ।

अपने -

वह अपने दोस्तों से मिला।

अपनी -

सीता अपनी किताब पढ़ रही है।

स्वयं -

राम ने यह काम स्वयं किया।

खुद -

उसने खुद ही खाना बनाया।

अपने आप -

बच्चा अपने आप खेलने लगा।

निज -

मनुष्य को निज कर्तव्य निभाना चाहिए।

Personal → Reflexive:

I →. Myself

We → Ourselves

You → Yourself / Yourselves

He → Himself

She → Herself

It → Itself

They → Themselves

उदाहरण:

I did it myself.

She hurt herself.

They enjoyed themselves.

Pronouns (subjective form)	हिंदी रूप	Objective form	Possessive adjective	Possessive pronoun	Reflexive pronoun
I	मैं ,मैने	me	My+noun	mine	Myself
we	हम,हमने	us	Our+noun	Ours	ouselves

you	तुम,तुमने	you	Your+noun	yours	Yourself/yourselves
He	वह,उसने	him	His+noun	his	himself
she	वह,उसने	her	Her+noun	hers	herself
It	यह/वह	it	Its+noun	its	itself
they	वे,उन्होनें	them	Their+noun	theirs	themselves

अतिरिक्त अंग्रेजी सर्वनाम

1 Possessive Pronoun:

Mine, Yours, His, Hers, Ours, Theirs

Example: This book is mine.

2 Reciprocal Pronoun:

Each other, One another

Example: They love each other.

3 Distributive Pronoun:

Each, Either, Neither

Example: Each of the boys is present.

सर्वनाम - वस्तुनिष्ठ प्रश्न (1-50)

1. सर्वनाम किसे कहते हैं? (CTET 2018)

A. पुरुषवाचक B. प्रश्नवाचक C. संबंधवाचक D. निजवाचक

2. 'वह खेल रहा है' में 'वह' क्या है? (REET 2021)

A. पुरुषवाचक B. प्रश्नवाचक C. संबंधवाचक D. निजवाचक

3. 'मैं विद्यालय जाता हूँ' में 'मैं' कौन सा सर्वनाम है? (NET 2019)

A. पुरुषवाचक B. प्रश्नवाचक C. संबंधवाचक D. निजवाचक

4. 'तुम कहाँ जा रहे हो?' में 'तुम' क्या है? (SET 2020)

A. पुरुषवाचक B. प्रश्नवाचक C. संबंधवाचक D. निजवाचक

5. 'कौन आया है?' में 'कौन' क्या है? (CTET 2020)

A. पुरुषवाचक B. प्रश्नवाचक C. संबंधवाचक D.

निजवाचक

6. सर्वनाम के कितने भेद माने जाते हैं? (REET 2019)

A. पुरुषवाचक B. प्रश्नवाचक C. संबंधवाचक D. निजवाचक

7. 'यह मेरा घर है' में 'यह' क्या है? (SI 2021)

A. पुरुषवाचक B. प्रश्नवाचक C. संबंधवाचक D. निजवाचक

8. 'जो मेहनत करता है वही सफल होता है' में 'जो' क्या है? (NET 2022)

A. पुरुषवाचक B. प्रश्नवाचक C. संबंधवाचक D. निजवाचक

9. 'कोई आया है' में 'कोई' क्या है? (SET 2018)

A. पुरुषवाचक B. प्रश्नवाचक C. संबंधवाचक D. निजवाचक

10. 'अपने आप को सुधारो' में 'अपने' क्या है? (CUET 2023)

A. पुरुषवाचक B. प्रश्नवाचक C. संबंधवाचक D. निजवाचक

11. 'हम खेल रहे हैं' में 'हम' क्या है? (CTET 2017)

A. पुरुषवाचक B. प्रश्नवाचक C. संबंधवाचक D. निजवाचक

12. ‘वह मेरा मित्र है’ में ‘वह’ क्या है? (REET 2022)

A. पुरुषवाचक B. प्रश्नवाचक C. संबंधवाचक D. निजवाचक

13. ‘जिसने मेहनत की वही सफल हुआ’ में ‘जिसने’ क्या है? (NET 2018)

A. पुरुषवाचक B. प्रश्नवाचक C. संबंधवाचक D. निजवाचक

14. ‘क्या तुम आओगे?’ में ‘क्या’ क्या है? (SI 2019)

A. पुरुषवाचक B. प्रश्नवाचक C. संबंधवाचक D. निजवाचक

15. ‘सब लोग आ गए’ में ‘सब’ क्या है? (SET 2021)

A. पुरुषवाचक B. प्रश्नवाचक C. संबंधवाचक D. निजवाचक

16. ‘यह पुस्तक मेरी है’ में ‘मेरी’ क्या है? (NET 2020)

A. पुरुषवाचक B. प्रश्नवाचक C. संबंधवाचक D. निजवाचक

17. ‘आप कैसे हैं?’ में ‘आप’ क्या है? (CTET 2021)

A. पुरुषवाचक B. प्रश्नवाचक C. संबंधवाचक D. निजवाचक

18. ‘जो चाहे सो पाए’ में ‘जो’ क्या है? (REET 2018)

A. पुरुषवाचक B. प्रश्नवाचक C. संबंधवाचक D.

निजवाचक

19. 'वही छात्र सफल हुआ' में 'वही' क्या है? (CUET 2022)

A. पुरुषवाचक B. प्रश्नवाचक C. संबंधवाचक D. निजवाचक

20. 'मुझे यह पसंद है' में 'मुझे' क्या है? (REET 2020)A. पुरुषवाचक B. प्रश्नवाचक C. संबंधवाचक D. निजवाचक

उत्तरमाला

1-A 2-B 3-A 4-A 5-B 6-C 7-A 8-A 9-A 10-A 11-A 12-A 13-A 14-A 15-A 16-C 17-A 18-A 19-A 20-A

सर्वनाम - वस्तुनिष्ठ प्रश्न (21-50)

21. 'वे खेल रहे हैं' में 'वे' क्या है? (REET 2021)

A. पुरुषवाचक B. प्रश्नवाचक C. संबंधवाचक D. निजवाचक

22. 'किसका घर है?' में 'किसका' क्या है? (SI 2020)

A. पुरुषवाचक B. प्रश्नवाचक C. संबंधवाचक D. निजवाचक

23. 'तू कहाँ जा रहा है?' में 'तू' क्या है? (CTET 2019)

A. पुरुषवाचक B. प्रश्नवाचक C. संबंधवाचक D. निजवाचक

24. 'कोई भी आ सकता है' में 'कोई' क्या है? (NET 2017)

A. पुरुषवाचक B. प्रश्नवाचक C. संबंधवाचक D. निजवाचक

25. 'अपने घर जाओ' में 'अपने' क्या है? (NET 2021)

A. पुरुषवाचक B. प्रश्नवाचक C. संबंधवाचक D. निजवाचक

26. 'यह वही पुस्तक है' में 'यह' क्या है? (CUET 2022)

A. पुरुषवाचक B. प्रश्नवाचक C. संबंधवाचक D. निजवाचक

27. 'कुछ लोग आए थे' में 'कुछ' क्या है? (CTET 2019)

A. पुरुषवाचक B. प्रश्नवाचक C. संबंधवाचक D. निजवाचक

28. 'जो छात्र पढ़ते हैं वे सफल होते हैं' में 'वे' क्या है? (NET 2018)

A. पुरुषवाचक B. प्रश्नवाचक C. संबंधवाचक D. निजवाचक

29. 'हमारा देश महान है' में 'हमारा' क्या है? (SET 2020)

A. पुरुषवाचक B. प्रश्नवाचक C. संबंधवाचक D. निजवाचक

30. 'तुम्हारा घर कहाँ है?' में 'तुम्हारा' क्या है? (SI 2022)

A. पुरुषवाचक B. प्रश्नवाचक C. संबंधवाचक D. निजवाचक

31. 'मैं घर जा रहा हूँ' में 'मैं' क्या है? (PSC 2021)

A. पुरुषवाचक B. प्रश्नवाचक C. संबंधवाचक D. निजवाचक

32. 'किसे बुलाया गया?' में 'किसे' क्या है? (CUET 2023)

A. पुरुषवाचक B. प्रश्नवाचक C. संबंधवाचक D. निजवाचक

33. 'यह किसका घर है?' में 'किसका' क्या है? (REET 2018)

A. पुरुषवाचक B. प्रश्नवाचक C. संबंधवाचक D. निजवाचक

34. 'जो पढ़ेगा वही आगे बढ़ेगा' में 'जो' क्या है? (NET 2017)

A. पुरुषवाचक B. प्रश्नवाचक C. संबंधवाचक D. निजवाचक

35. 'किसने बुलाया?' में 'किसने' क्या है? (CTET 2022)
A. पुरुषवाचक B. प्रश्नवाचक C. संबंधवाचक D. निजवाचक

36. 'कुछ लोग पढ़ रहे हैं' में 'कुछ' क्या है? (SET 2022)A. पुरुषवाचक B. प्रश्नवाचक C. संबंधवाचक D. निजवाचक

37. 'यह वही व्यक्ति है' में 'वही' क्या है? (NET 2022)
A. पुरुषवाचक B. प्रश्नवाचक C. संबंधवाचक D. निजवाचक

38. 'आप लोग कहाँ जा रहे हैं?' में 'आप' क्या है? (REET 2021)

A. पुरुषवाचक B. प्रश्नवाचक C. संबंधवाचक D. निजवाचक

39. 'मुझे वह पुस्तक दो' में 'वह' क्या है? (CTET 2020)
A. पुरुषवाचक B. प्रश्नवाचक C. संबंधवाचक D. निजवाचक

40. 'यह कौन सा फल है?' में 'कौन' क्या है? (CUET 2022)
A. पुरुषवाचक B. प्रश्नवाचक C. संबंधवाचक D. निजवाचक

41. 'जिसका घर बड़ा है वही अमीर है' में 'जिसका' क्या है? (NET 2017)A. पुरुषवाचक B. प्रश्नवाचक C. संबंधवाचक D. निजवाचक

42. 'सबने मेहनत की' में 'सबने' क्या है? (SET 2021)
A. पुरुषवाचक B. प्रश्नवाचक C. संबंधवाचक D. निजवाचक

43. 'हम सब मित्र हैं' में 'हम' क्या है? (REET 2019)
A. पुरुषवाचक B. प्रश्नवाचक C. संबंधवाचक D. निजवाचक

44. 'यह मेरा विद्यालय है' में 'मेरा' क्या है? (CTET 2018)
A. पुरुषवाचक B. प्रश्नवाचक C. संबंधवाचक D.

निजवाचक

45. 'तुम लोग कहाँ जा रहे हो?' में 'तुम' क्या है? (SI 2020)

A. पुरुषवाचक B. प्रश्नवाचक C. संबंधवाचक D. निजवाचक

46. 'जो चाहे कर सकता है' में 'जो' क्या है? (NET 2019)

A. पुरुषवाचक B. प्रश्नवाचक C. संबंधवाचक D. निजवाचक

47. 'कोई भी विद्यार्थी आ सकता है' में 'कोई' क्या है? (CUET 2023)

A. पुरुषवाचक B. प्रश्नवाचक C. संबंधवाचक D. निजवाचक

48. 'यह वही घर है' में 'वही' क्या है? (REET 2022)

A. पुरुषवाचक B. प्रश्नवाचक C. संबंधवाचक D. निजवाचक

49. 'मैंने उसे बुलाया' में 'उसे' क्या है? (SET 2019)

A. पुरुषवाचक B. प्रश्नवाचक C. संबंधवाचक D. निजवाचक

50. 'किसको बुलाया गया?' में 'किसको' क्या है? (CTET 2021)

A. पुरुषवाचक B. प्रश्नवाचक C. संबंधवाचक D. निजवाचक

उत्तरमाला-21-A 22-A 23-A 24-A 25-A 26-A 27-A 28-A 29-A 30-A 31-A 32-B 33-B 34-C 35-B 36-A 37-A 38-A 39-A 40-B 41-C 42-A 43-A 44-D 45-A 46-C 47-A 48-A 49-A 50 b

Difference:

Personal Pronoun → Used as subject or object.

Possessive Adjective → Used before noun.

Possessive Pronoun → Used alone.

Reflexive Pronoun → Subject and object are same.

परिभाषा, प्रकार एवं उदाहरण

विशेषण (Adjective) -

भाषा में जब हम किसी व्यक्ति, वस्तु, स्थान या विचार के बारे में अतिरिक्त जानकारी या उसकी विशेषता बताते हैं, तो उस विशेषता को व्यक्त करने वाला शब्द 'विशेषण' कहलाता है। दूसरे शब्दों में, जो शब्द किसी संज्ञा या सर्वनाम की विशेषता, गुण, संख्या, रूप, रंग, आकार या अवस्था को स्पष्ट करता है, उसे विशेषण कहते हैं।
उदाहरण के लिए–
सुंदर फूल, बड़ा घर, मीठा फल, पाँच विद्यार्थी। इन वाक्यों में 'सुंदर', 'बड़ा', 'मीठा' और 'पाँच' शब्द विशेषण हैं, क्योंकि ये क्रमशः फूल, घर, फल और विद्यार्थी की विशेषता बता रहे हैं। विशेषण के प्रयोग से भाषा अधिक स्पष्ट, प्रभावशाली और रोचक बन जाती है। यदि हम केवल "फूल है" कहें तो जानकारी अधूरी लगती है, लेकिन "सुंदर फूल है" कहने पर उस फूल की विशेषता भी स्पष्ट हो जाती है।

इसे और सरल रूप में समझें तो मान लीजिए कि कक्षा में कई विद्यार्थी बैठे हैं। यदि कोई कहे–"विद्यार्थी खड़ा है", तो यह स्पष्ट नहीं होता कि कौन-सा विद्यार्थी खड़ा है। लेकिन

यदि कहा जाए–"लंबा विद्यार्थी खड़ा है" या "मेहनती विद्यार्थी खड़ा है", तो तुरंत समझ में आ जाता है कि किस विद्यार्थी की बात की जा रही है। इस प्रकार विशेषण भाषा में किसी व्यक्ति या वस्तु की पहचान को स्पष्ट करने में सहायता करता है।

संस्कृत व्याकरण की परंपरा में भी विशेषण का विशेष महत्त्व बताया गया है। प्राचीन संस्कृत व्याकरणाचार्य पाणिनि, कात्यायन और पतंजलि की व्याकरणिक परिपाटी में यह स्पष्ट किया गया है कि जो शब्द किसी संज्ञा के गुण, धर्म या अवस्था का बोध कराता है, वह विशेषण के रूप में कार्य करता है। संस्कृत भाषा में विशेषण का रूप उस संज्ञा के लिंग, वचन और कारक के अनुसार बदल जाता है। उदाहरण के लिए–'सुन्दरः पुरुषः' (सुंदर पुरुष), 'सुन्दरी नारी' (सुंदर स्त्री) और 'सुन्दरं फलम्' (सुंदर फल)। इन उदाहरणों में 'सुन्दर' शब्द विशेषण है, जो अलग-अलग संज्ञाओं के साथ अपना रूप बदलकर प्रयुक्त हुआ है।

इस प्रकार हिंदी और संस्कृत दोनों व्याकरण परंपराओं में विशेषण का मुख्य उद्देश्य संज्ञा या सर्वनाम की विशेषता को स्पष्ट करना है। विशेषण के प्रयोग से भाषा अधिक सजीव, प्रभावशाली और अर्थपूर्ण बन जाती है। जब हम किसी वस्तु या व्यक्ति के बारे में 'कैसा',

'कितना', 'किस प्रकार का' या 'कितने' जैसे प्रश्नों का उत्तर देते हैं, तब सामान्यतः विशेषण का प्रयोग होता है। इसी कारण विशेषण को भाषा की सुंदरता और स्पष्टता बढ़ाने वाला अत्यंत महत्त्वपूर्ण शब्दभेद माना जाता है।

या

जो शब्द संज्ञा या सर्वनाम की विशेषता (गुण, संख्या, मात्रा, प्रकार आदि) बताता है, उसे विशेषण कहते हैं।

English Definition:

An adjective is a word that describes or modifies a noun or pronoun by giving more information about it.

विशेषण के प्रकार (Hindi & English)

● हिंदी में विशेषण के पाँच मुख्य प्रकार

1. गुणवाचक विशेषण (Adjective of Quality
2. संख्यावाचक विशेषण (Adjective of Number)
3. परिमाणवाचक विशेषण (Adjective of Quantity)
4. संकेतवाचक / सर्वनामिक विशेषण (Demonstrative Adjective)
5. व्यक्तिवाचक विशेषण (Proper Adjective]/संबंधवाचक विशेषण

● अंग्रेज़ी में अतिरिक्त विशेषण

1 Possessive Adjective (अधिकारसूचक विशेषण)

My, Your, His, Her, Its, Our, Their

उदाहरण: This is my book.

2 Interrogative Adjective (प्रश्नवाचक विशेषण)

Which, What, Whose

उदाहरण: Which book is yours?

3 Distributive Adjective (वितरणवाचक विशेषण)

Each, Every, Either, Neither

उदाहरण: Each student passed.

4 Emphasizing Adjective (बलवाचक विशेषण)

Own

उदाहरण: I saw it with my own eyes.

5 Exclamatory Adjective (विस्मयवाचक विशेषण)

What (in exclamatory sense)

उदाहरण: What a beautiful day!

● संक्षिप्त सारणी

गुणवाचक → Adjective of Quality

संख्यावाचक → Adjective of Number

परिमाणवाचक → Adjective of Quantity

संकेतवाचक → Demonstrative Adjective

व्यक्तिवाचक → Proper Adjective

अधिकारसूचक → Possessive Adjective

प्रश्नवाचक → Interrogative Adjective

वितरणवाचक → Distributive Adjective

बलवाचक → Emphasizing Adjective

विस्मयवाचक → Exclamatory Adjective

1 गुणवाचक विशेषण (Adjective of Quality)

परिभाषा (Hindi): -

हिंदी व्याकरण में गुणवाचक विशेषण वह विशेषण होता है जो किसी संज्ञा या सर्वनाम के गुण, स्वभाव, रूप, रंग, आकार, दशा या अवस्था को बताता है। दूसरे शब्दों में, जो शब्द यह बताता है कि कोई व्यक्ति, वस्तु या स्थान कैसा है, वह गुणवाचक विशेषण कहलाता है। उदाहरण के लिए– सुंदर फूल, मीठा फल, ठंडा पानी, बड़ा घर, चतुर विद्यार्थी आदि। इन वाक्यों में सुंदर, मीठा, ठंडा, बड़ा और चतुर शब्द उस संज्ञा की विशेषता या गुण को स्पष्ट कर रहे हैं, इसलिए ये गुणवाचक विशेषण हैं। गुणवाचक विशेषण का मुख्य उद्देश्य भाषा को अधिक स्पष्ट और अर्थपूर्ण बनाना है, क्योंकि इनके माध्यम से किसी वस्तु या व्यक्ति की विशेषता तुरंत समझ में आ जाती है।

यदि हम केवल "फल है" या "घर है" कहें तो जानकारी अधूरी लगती है, लेकिन जब हम कहते हैं "मीठा फल है" या "बड़ा घर है" तो उस वस्तु की विशेषता स्पष्ट हो जाती है। इसी प्रकार "लंबा पेड़", "तेज हवा", "स्वच्छ जल", "मेहनती विद्यार्थी" जैसे उदाहरणों में क्रमशः लंबा, तेज, स्वच्छ और मेहनती शब्द गुणवाचक विशेषण हैं। इससे पता चलता है कि किसी वस्तु या व्यक्ति में कौन-सा गुण विद्यमान है। इस प्रकार जब भी हम किसी वस्तु के बारे में "कैसा?" प्रश्न का उत्तर देते हैं–जैसे कैसा फल? मीठा फल; कैसा विद्यार्थी? मेहनती विद्यार्थी–तो वहाँ सामान्यतः गुणवाचक विशेषण का प्रयोग होता है। इसलिए हिंदी व्याकरण में गुणवाचक विशेषण को भाषा की सुंदरता, स्पष्टता और प्रभावशीलता बढ़ाने वाला महत्त्वपूर्ण अंग माना जाता है।

जो संज्ञा के गुण, रूप, रंग, स्वभाव आदि का बोध कराए।

या

जो विशेषण संज्ञा या सर्वनाम के गुण, दोष, रंग, रूप, आकार, अवस्था या स्वभाव का बोध कराएँ, उन्हें गुणवाचक विशेषण कहते हैं।

Definition (English):

An adjective that describes the quality or nature

of a noun.

उत्तर देता है: What kind? / कैसा?

उदाहरण:

वह ईमानदार व्यक्ति है।

यह सुंदर फूल है।

She is a kind woman.

It is a large building.

राम एक अच्छा लड़का है।   यह सुंदर फूल है।

मेरे पास लाल किताब है।   वह बहुत तेज़ दौड़ता है।

यह मीठा आम है।

इन वाक्यों में अच्छा, सुंदर, लाल, तेज़, मीठा, ईमानदार – सभी गुणवाचक विशेषण हैं।

2 संख्यावाचक विशेषण (Adjective of Number)

परिभाषा (Hindi):

हिंदी व्याकरण में संख्यावाचक विशेषण वह विशेषण होता है जो किसी संज्ञा या सर्वनाम की संख्या या गिनती को बताता है। अर्थात जो शब्द यह बताता है कि कोई वस्तु या व्यक्ति कितने हैं, वह संख्यावाचक विशेषण कहलाता है। उदाहरण के लिए–दो विद्यार्थी, पाँच पुस्तकें, तीन पेड़, कई लोग आदि। इन वाक्यों में दो, पाँच, तीन और कई शब्द संज्ञा की संख्या बता रहे हैं, इसलिए ये संख्यावाचक

विशेषण हैं। सरल शब्दों में कहा जाए तो जब हम किसी वस्तु या व्यक्ति के बारे में 'कितने?' या 'कितनी?' जैसे प्रश्नों का उत्तर देते हैं, तब वहाँ सामान्यतः संख्यावाचक विशेषण का प्रयोग होता है।

संख्यावाचक विशेषण भाषा को अधिक स्पष्ट और व्यवस्थित बनाते हैं, क्योंकि इनके माध्यम से हमें किसी वस्तु या व्यक्ति की सही संख्या का पता चलता है। उदाहरण के लिए–चार विद्यार्थी कक्षा में बैठे हैं, दस पेड़ बगीचे में लगे हैं, पहला छात्र पुरस्कार प्राप्त करता है आदि वाक्यों में चार, दस और पहला शब्द संख्यावाचक विशेषण हैं। इससे हमें यह समझ में आता है कि कितने विद्यार्थी हैं, कितने पेड़ हैं या कौन-सा स्थान किसका है। इस प्रकार संख्यावाचक विशेषण भाषा में संख्या की जानकारी देकर वाक्य को अधिक स्पष्ट और अर्थपूर्ण बनाते हैं।

जो गिनने योग्य वस्तुओं की संख्या बताए।
या
संख्यावाचक विशेषण वे विशेषण होते हैं जो किसी संज्ञा की संख्या या क्रम (गिनती) बताते हैं।
अर्थात जिनसे पता चले कि कितने? या कौन-से क्रम में?
संख्या या क्रम निश्चित या अनिश्चित हो सकती है

इसलिए ये दो प्रकार के होते है - निश्चित अनिश्चित, अनिश्चित संख्यावाचक:

निश्चित संख्यावाचक विशेषण वह विशेषण होता है जो किसी संज्ञा या सर्वनाम की स्पष्ट और निश्चित संख्या को बताता है। अर्थात जब हमें ठीक-ठीक यह पता हो कि कोई वस्तु या व्यक्ति कितने हैं, तब उस संख्या को बताने वाला शब्द निश्चित संख्यावाचक विशेषण कहलाता है। उदाहरण के लिए–दो विद्यार्थी, पाँच पुस्तकें, दस पेड़, पहला स्थान, तीसरा अध्याय आदि। इन वाक्यों में दो, पाँच, दस, पहला और तीसरा शब्द वस्तुओं या व्यक्तियों की निश्चित संख्या बता रहे हैं, इसलिए ये निश्चित संख्यावाचक विशेषण हैं। सरल शब्दों में कहा जाए तो जब संख्या बिल्कुल स्पष्ट और निश्चित हो, तब वहाँ निश्चित संख्यावाचक विशेषण का प्रयोग होता है।

अनिश्चित संख्यावाचक विशेषण वह विशेषण होता है जो किसी संज्ञा या सर्वनाम की अस्पष्ट या अनुमानित संख्या को बताता है। अर्थात जब हमें ठीक-ठीक संख्या का पता नहीं होता, बल्कि केवल अंदाज़ा या सामान्य मात्रा बताई जाती है, तब उस शब्द को अनिश्चित संख्यावाचक विशेषण कहते हैं। उदाहरण के लिए–कुछ विद्यार्थी, कई लोग, अनेक पुस्तकें, कई पेड़, बहुत से बच्चे आदि। इन वाक्यों

में कुछ, कई, अनेक और बहुत से शब्द संख्या तो बता रहे हैं, लेकिन यह स्पष्ट नहीं करते कि वास्तव में कितने हैं। इसलिए इन्हें अनिश्चित संख्यावाचक विशेषण कहा जाता है। इस प्रकार जहाँ संख्या स्पष्ट हो वहाँ निश्चित संख्यावाचक विशेषण और जहाँ संख्या अनिश्चित या अनुमानित हो वहाँ अनिश्चित संख्यावाचक विशेषण का प्रयोग होता है।Definition (English):

An adjective that shows the number of persons or things.

उत्तर देता है: How many? /

संख्यावाचक विशेषण हमेशा गणनीय संज्ञा (जिन्हें गिना जा सके) के साथ प्रयुक्त होते हैं।गणनीय संज्ञा के उदाहरण: लड़का, किताब, आम, छात्र, कुर्सी उदाहरण:

तीन लड़के ✓ (गिन सकते हैं)

पाँच आम ✓ (गिन सकते हैं)

दो कुर्सियाँ ✓ (गिन सकते हैं)

लेकिन -

तीन पानी ✗ (नहीं गिन सकते सीधे)

पाँच दूध ✗

इससे स्पष्ट है कि संख्यावाचक विशेषण गणनीय संज्ञा के साथ ही सही लगते हैं। संख्यावाचक विशेषण मुख्यतः दो

प्रकार के होते हैं:

1. निश्चित संख्यावाचक विशेषण

जिनमें ठीक-ठीक संख्या या क्रम पता चलता है।

उदाहरण:

एक लड़का

दो किताबें

पाँच आम

पहला स्थान

दूसरा अध्याय

तीन छात्र

वाक्य में प्रयोग:

तीन लड़के खेल रहे हैं।

पहला छात्र पास हुआ।

दो मित्र आए।

2. अनिश्चित संख्यावाचक विशेषण-जिनमें पक्की संख्या पता नहीं चलती, केवल अनुमान होता है।उदाहरण:

कुछ लड़के

कई लोग

बहुत छात्र

थोड़े आम

अनेक पुस्तकें

वाक्य में प्रयोग:

कुछ लड़के आए।

कई छात्र पास हुए।

अनेक लोग इकट्ठे हुए।

निश्चित और अनिश्चित संख्यावाचक का अंतर

निश्चित संख्यावाचक

पक्की संख्या बताता है जैसे -

तीन लड़के, पाँच किताबें

अनिश्चित संख्यावाचक

पक्की संख्या नहीं बताता है

कुछ लड़के, कई किताबें

3 परिमाणवाचक विशेषण (Adjective of Quantity)

परिभाषा (Hindi):

हिंदी व्याकरण में परिमाणवाचक विशेषण वह विशेषण होता है जो किसी संज्ञा या सर्वनाम की मात्रा या परिमाण को बताता है।अर्थात जो शब्द यह बताता है कि कोई वस्तु कितनी मात्रा में है, वह परिमाणवाचक विशेषण कहलाता है। यह विशेषणअक्सर उन वस्तुओं के साथ प्रयोग होता है जिन्हें गिना नहीं जाता बल्कि केवल उनकी मात्रा बताई जाती है,

जैसे–पानी, दूध, अनाज, चीनी, घी आदि। उदाहरण के

लिए–थोड़ा पानी, अधिक दूध, पर्याप्त भोजन, कम चीनी। इन वाक्यों में थोड़ा, अधिक, पर्याप्त और कम शब्द वस्तु की मात्रा बता रहे हैं, इसलिए ये परिमाणवाचक विशेषण हैं। दूसरे शब्दों में कहा जाए तो जब किसी वस्तु के बारे में "कितना?" प्रश्न का उत्तर दिया जाता है,तब वहाँ परिमाणवाचक विशेषण का प्रयोग होता है।

निश्चित परिमाणवाचक विशेषण वह होता है जो किसी वस्तु की ठीक-ठीक या निश्चित मात्रा को बताता है। अर्थात जहाँ मात्रा स्पष्ट रूप से निर्धारित हो, वहाँ निश्चित परिमाणवाचक विशेषण का प्रयोग होता है।
उदाहरण के लिए–एक लीटर दूध, दो किलो चावल, पाँच ग्राम नमक। इन वाक्यों में एक लीटर, दो किलो और पाँच ग्राम शब्द वस्तुओं की निश्चित मात्रा बता रहे हैं, इसलिए ये निश्चित परिमाणवाचक विशेषण कहलाते हैं।
इस प्रकार जब मात्रा स्पष्ट और निश्चित रूप से बताई जाती है, तब उसे निश्चित परिमाणवाचक विशेषण कहा जाता है।

अनिश्चित परिमाणवाचक विशेषण वह होता है जो किसी वस्तु की अस्पष्ट या अनुमानित मात्रा को बताता है। अर्थात् जहाँ हमें मात्रा का ठीक-ठीक ज्ञान नहीं होता, बल्कि केवल सामान्य रूप से बताया जाता है,

वहाँ अनिश्चित परिमाणवाचक विशेषण का प्रयोग किया जाता है। उदाहरण के लिए–थोड़ा पानी, बहुत दूध,अधिक अनाज, कम चीनी। इन वाक्यों में थोड़ा, बहुत, अधिक और कम शब्द मात्रा तो बता रहे हैं,

लेकिन यह स्पष्ट नहीं करते कि वास्तव में कितनी मात्रा है। इसलिए इन्हें अनिश्चित परिमाणवाचक विशेषण कहा जाता है।

जो अगणनीय वस्तु की मात्रा बताए।

या

परिमाणवाचक विशेषण वे विशेषण होते हैं जो किसी वस्तु की मात्रा या परिमाण (कितना?) बताते हैं।

ये बताते हैं कि चीज़ कितनी मात्रा में है, लेकिन गिनती नहीं बताते।

Definition (English):

An adjective that shows the quantity or amount of something.

उत्तर देता है: How much? / कितना?

परिमाणवाचक विशेषण के प्रकार

1. निश्चित परिमाणवाचक विशेषण-

जिनसे ठीक-ठीक मात्रा पता चले।

उदाहरण:

एक लीटर दूध

दो किलो चावल

आधा किलो चीनी

एक मीटर कपड़ा

वाक्य:

एक लीटर दूध लाओ।

दो किलो चावल खरीदो।

यहाँ मात्रा निश्चित है।

2. अनिश्चित परिमाणवाचक विशेषण

जिनसे ठीक मात्रा पता न चले, केवल अंदाज़ा हो।

उदाहरण:

थोड़ा पानी ------ थोड़ा पानी पियो।

अधिक दूध-------- बहुत दूध है।

कम तेल ------------- कम नमक डालो।

यहाँ मात्रा निश्चित नहीं है।

संख्यावाचक और परिमाणवाचक में अंतर -

संख्यावाचक विशेषण	How many का	Countable noun के साथ आता है ,	कुछ विशेषण दोनों में प्रयुक्त

	जवाब होता है		होते है पहचान बाद में प्रयुक्त संज्ञा शब्द से होगी
परिमाणवाचक विशेषण	How much का जवाब होता है	Uncountable noun के साथ आता है	कुछ विशेषण दोनों में प्रयुक्त होते है पहचान बाद में प्रयुक्त संज्ञा शब्द से होगी

4 संकेतवाचक / सार्वनामिक विशेषण (Demonstrative Adjective)

परिभाषा (Hindi):

हिंदी व्याकरण में संकेतवाचक या सर्वनामिक विशेषण वह विशेषण होता है जो किसी संज्ञा की ओर संकेत करते हुए उसकी विशेषता बताता है। अर्थात जब कोई शब्द किसी वस्तु, व्यक्ति या स्थान की ओर इशारा करते हुए उसके साथ प्रयुक्त होता है और उस संज्ञा को विशेष बनाता है,तब वह संकेतवाचक विशेषण कहलाता है। उदाहरण के लिए–यह पुस्तक, वह घर, ये विद्यार्थी, वे पेड़ आदि। इन वाक्यों में यह, वह, ये और वे शब्द संज्ञा के साथ मिलकर उस वस्तु की ओर संकेत कर रहे हैं,
इसलिए इन्हें संकेतवाचक या सर्वनामिक विशेषण कहा जाता है। सरल शब्दों में कहा जाए तो जब कोई शब्द किसी संज्ञा के साथ लगकर यह बताता है कि कौन-सी वस्तु या कौन-सा व्यक्ति, तब वह संकेतवाचक विशेषण होता है।
इससे भाषा अधिक स्पष्ट और रोचक बन जाती है।

संकेतवाचक विशेषण और निश्चयवाचक सर्वनाम देखने में कई बार एक जैसे लगते हैं, लेकिन इनके प्रयोग में अंतर होता है।
जब यह, वह, ये, वे जैसे शब्द किसी संज्ञा के साथ मिलकर उसकी विशेषता बताते हैं, तब वे संकेतवाचक विशेषण कहलाते हैं।

जैसे–यह पुस्तक बहुत अच्छी है, वह लड़का तेज है। यहाँ यह और वह शब्द संज्ञा (पुस्तक, लड़का) के साथ मिलकर उनकी ओर संकेत कर रहे हैं, इसलिए ये संकेतवाचक विशेषण हैं। लेकिन जब यही शब्द अकेले प्रयोग होते हैं और संज्ञा का स्थान ले लेते हैं, तब वे निश्चयवाचक सर्वनाम कहलाते हैं। जैसे–यह मेरा है, वह स्कूल जा रहा है।

यहाँ यह और वह किसी संज्ञा के साथ नहीं हैं, बल्कि स्वयं ही संज्ञा का स्थान ले रहे हैं, इसलिए ये निश्चयवाचक सर्वनाम हैं।इस प्रकार सरल शब्दों में कहा जा सकता है कि जब संकेत करने वाला शब्द संज्ञा के साथ आता है तो वह संकेतवाचक विशेषण होता है,और जब वही शब्द अकेला प्रयोग होकर संज्ञा का स्थान लेता है तो वह निश्चयवाचक सर्वनाम कहलाता है।

जो संज्ञा के साथ आकर किसी विशेष व्यक्ति या वस्तु की ओर संकेत करे।

या

संकेतवाचक या सार्वनामिक विशेषण वे शब्द होते हैं जो किसी संज्ञा की ओर संकेत (इशारा) करते हैं।

जब ये शब्द संज्ञा के साथ लगते हैं, तो उन्हें संकेतवाचक (सार्वनामिक) विशेषण कहते हैं।

या

वे सर्वनाम शब्द जो विशेषण की तरह प्रयुक्त होते है ,संकेतवाचक या सार्वनामिक विशेषण कहलाते है

पहचान -इसके बाद हमेशा संज्ञा शब्द आता है

Definition (English):

An adjective that points out a specific noun.

उत्तर देता है: Which? / कौन-सा?

उदाहरण:

यह घर मेरा है।

वह लड़की सुंदर है。

This book is mine.

Those boys are playing.

ये सामान्यतः प्रयोग होने वाले संकेतवाचक विशेषण हैं:

यह,वह ,ये ,वे,इस ,उस ,उन ,इन,ऐसा ,वैसा,वही,इसी,उसी आदि

उदाहरण - यह किताब मेरी है। [This book is mine .]वह लड़का खेल रहा है।

ये आम मीठे हैं।

वे छात्र पढ़ रहे हैं।

उस घर में कोई रहता है।

ऐसा काम मत करो।

वही आदमी आया था।

इन बच्चों को बुलाओ।

यहाँ यह, वह, ये, वे, उस, ऐसा, वही, इन – ये सभी संज्ञा की ओर संकेत कर रहे हैं, इसलिए ये संकेतवाचक है

तुलना (निश्चयवाचक सर्वनाम से):

संकेतवाचक विशेषण:- This book.That boy.

निश्चयवाचक सर्वनाम:- This is mine.That is good.

आधार	संकेतवाचक विशेषण	निश्चयवाचक सर्वनाम
कार्य	संज्ञा के साथ प्रयुक्त होता है अर्थात् इसके बाद संज्ञा शब्द आएगा जैसे this book	संज्ञा के स्थान पर प्रयुक्त होता है इसलिए इसके साथ संज्ञा शब्द नहीं आएगा जैसे this is
उदाहरण	यह पुस्तक अच्छी है	यह मेरी है

उदाहरण	वह लड़का होशियार है	वह एक लड़का है

Note -इसके पहचान का सबसे बेहतर तरीका हिन्दी वाक्य का अंग्रेजी अनुवाद है अगर this /that/these /those के बाद नाउन आता है तो संकेतवाचक विशेषण होगा और क्रिया शब्द आता है तो सर्वनाम होगा

5 संबंधवाचक विशेषण [Relational Adjective] या व्यक्तिवाचक विशेषण (Proper Adjective)

हिंदी व्याकरण में संबंधवाचक विशेषण वह विशेषण होता है जो किसी संज्ञा का संबंध किसी व्यक्ति, वस्तु, स्थान या जाति से बताता है। दूसरे शब्दों में, जब कोई शब्द यह बताता है कि कोई वस्तु या व्यक्ति किससे संबंधित है, तब वह संबंधवाचक विशेषण कहलाता है।

उदाहरण के लिए–भारतीय संस्कृति, राजस्थानी भाषा, कश्मीरी सेब, बंगाली मिठाई आदि।

इन वाक्यों में भारतीय, राजस्थानी, कश्मीरी और बंगाली शब्द यह बता रहे हैं कि संस्कृति भारत से संबंधित है,भाषा राजस्थान से संबंधित है और मिठाई बंगाल से संबंधित है।

इसलिए ये संबंधवाचक विशेषण कहलाते हैं।ऐसे विशेषण भाषा को अधिक स्पष्ट बनाते हैं, क्योंकि इनके माध्यम से यह पता चलता है कि किसी वस्तु या व्यक्ति का संबंध किस स्थान, जाति या व्यक्ति से है।

कई व्याकरण की पुस्तकों में संबंधवाचक विशेषण को ही कभी-कभी व्यक्तिवाचक विशेषण भी कहा जाता है,क्योंकि ये शब्द अक्सर किसी व्यक्ति, स्थान या जाति के नाम से बने होते हैं। उदाहरण के लिए–भारत → भारतीय,बंगाल → बंगाली, कश्मीर → कश्मीरी, राजस्थान → राजस्थानी। यहाँ मूल शब्द किसी स्थान या व्यक्ति का नाम हैऔर उससे बना शब्द संज्ञा की विशेषता बता रहा है। इसलिए कुछ विद्वान इसे व्यक्तिवाचक विशेषण कहते हैं।वास्तव में इन दोनों नामों का अर्थ लगभग एक ही है, क्योंकि दोनों ही स्थिति में शब्द किसी संज्ञा का संबंध या मूल स्थान बताता है।

इस प्रकार सरल शब्दों में कहा जा सकता है कि संबंधवाचक विशेषण और व्यक्तिवाचक विशेषण में कोई विशेष अंतर नहीं है। दोनों का प्रयोग लगभग एक ही अर्थ में किया जाता है। इनका मुख्य उद्देश्य यह बताना होता है कि कोई वस्तु, व्यक्ति या विचार किस स्थान, व्यक्ति या जाति से संबंधित है।

इसलिए हिंदी व्याकरण में संबंधवाचक या व्यक्तिवाचक विशेषण भाषा को अधिक स्पष्ट और अर्थपूर्ण बनाने में महत्वपूर्ण भूमिका निभाते हैं।

परिभाषा (Hindi):

जो किसी Proper Noun से बना हो और उसी से संबंधित गुण बताए उसे व्यक्तिवाचक विशेषण कहते है

Definition (English):

An adjective formed from a Proper Noun.

जो विशेषण किसी संज्ञा का किसी व्यक्ति, स्थान, वस्तु या संस्था से संबंध बताते हैं, उन्हें संबंधवाचक विशेषण कहते हैं। उदाहरण-

1.भारतीय संस्कृति महान है।

2.राजस्थानी भाषा मधुर है।

3.स्कूली शिक्षा आवश्यक है।

4.सरकारी योजना लागू हुई।

विश्लेषण

•भारतीय → भारत से संबंध

•राजस्थानी → राजस्थान से संबंध

•स्कूली → स्कूल से संबंध

•सरकारी → सरकार से संबंध

व्यक्तिवाचक विशेषण = संबंधवाचक विशेषण का ही एक

भाग माना जाता है।

इसलिए कई किताबों में दोनों को लगभग समान माना जाता है, लेकिन तकनीकी रूप से व्यक्तिवाचक विशेषण संबंधवाचक विशेषण का उपप्रकार है।

सार:

Quality → What kind?

Number → How many?

Quantity → How much?

Demonstrative → Which?

Proper → Related to which place/person?

विशेष्य और प्रविशेषण में अंतर

विशेष्य क्या है?

जिस शब्द की विशेषता बताई जाती है, उसे विशेष्य कहते हैं।

उदाहरण:

लाल फूल → "फूल" विशेष्य है

मीठा आम → "आम" विशेष्य है

प्रविशेषण क्या है?

जो शब्द विशेषण की विशेषता को और अधिक स्पष्ट करता है, उसे प्रविशेषण कहते हैं।

उदाहरण:

बहुत सुंदर लड़की → "बहुत" प्रविशेषण है

अत्यंत मीठा आम → "अत्यंत" प्रविशेषण है

तुलनात्मक समझ:

वाक्य: बहुत सुंदर फूल

- फूल = विशेष्य (जिसकी बात हो रही है)
- सुंदर = विशेषण (फूल का गुण बता रहा है)
- बहुत = प्रविशेषण (सुंदर को और बढ़ा रहा है)

वाक्य: काफी तेज लड़का

- लड़का = विशेष्य
- तेज = विशेषण
- काफी = प्रविशेषण

हिंदी व्याकरण - विशेषण (Adjective) Objective Questions

1. 'सुंदर फूल खिले हैं' वाक्य में 'सुंदर' कौन-सा शब्द है – परीक्षा: RPSC Sub Inspector, वर्ष: 2021

A) विशेषण B) संज्ञा C) क्रिया D) सर्वनाम

2. 'तीन लड़के मैदान में खेल रहे हैं' वाक्य में 'तीन' कौन-सा विशेषण है – परीक्षा: REET, वर्ष: 2022

A) संख्यावाचक विशेषण B) गुणवाचक विशेषण C) परिमाणवाचक विशेषण D) संकेतवाचक विशेषण

3. 'यह पुस्तक मेरी है' वाक्य में 'यह' कौन-सा विशेषण है – परीक्षा: CTET, वर्ष: 2021

A) संकेतवाचक विशेषण B) गुणवाचक विशेषण C) संख्यावाचक विशेषण D) परिमाणवाचक विशेषण

4. 'राम बहुत बुद्धिमान है' वाक्य में 'बुद्धिमान' कौन-सा विशेषण है – परीक्षा: UGC NET, वर्ष: 2019

A) गुणवाचक विशेषण B) संख्यावाचक विशेषण C) परिमाणवाचक विशेषण D) संबंधवाचक विशेषण

5. 'थोड़ा पानी पी लो' वाक्य में 'थोड़ा' कौन-सा विशेषण है – परीक्षा: SET, वर्ष: 2018

A) परिमाणवाचक विशेषण B) गुणवाचक विशेषण C) संख्यावाचक विशेषण D) संकेतवाचक विशेषण

6. 'लाल गुलाब खिल रहा है' वाक्य में 'लाल' कौन-सा विशेषण है – परीक्षा: PGT, वर्ष: 2020

A) गुणवाचक विशेषण B) परिमाणवाचक विशेषण C) संख्यावाचक विशेषण D) संकेतवाचक विशेषण

7. 'दो विद्यार्थी अनुपस्थित हैं' वाक्य में 'दो' कौन-सा विशेषण है – परीक्षा: RPSC Second Grade, वर्ष: 2017

A) संख्यावाचक विशेषण B) गुणवाचक विशेषण C) परिमाणवाचक विशेषण D) संकेतवाचक विशेषण

8. 'इतना काम क्यों कर रहे हो' वाक्य में 'इतना' कौन-सा विशेषण है – परीक्षा: CUET, वर्ष: 2023

A) परिमाणवाचक विशेषण B) गुणवाचक विशेषण C) संख्यावाचक विशेषण D) संबंधवाचक विशेषण

9. 'यह लड़का बहुत होशियार है' वाक्य में 'यह' कौन-सा विशेषण है – परीक्षा: UGC NET, वर्ष: 2020

A) संकेतवाचक विशेषण B) गुणवाचक विशेषण C) संख्यावाचक विशेषण D) परिमाणवाचक विशेषण

10. 'सारा दूध गिर गया' वाक्य में 'सारा' कौन-सा विशेषण है – परीक्षा: REET, वर्ष: 2021

A) परिमाणवाचक विशेषण B) गुणवाचक विशेषण C) संख्यावाचक विशेषण D) संकेतवाचक विशेषण

11. 'कौन-सा लड़का आया था' वाक्य में 'कौन-सा' कौन-सा विशेषण है – परीक्षा: CTET, वर्ष: 2022

A) प्रश्नवाचक विशेषण B) गुणवाचक विशेषण C) परिमाणवाचक विशेषण D) संकेतवाचक विशेषण

12. 'हर विद्यार्थी उपस्थित था' वाक्य में 'हर' कौन-सा विशेषण है – परीक्षा: SET, वर्ष: 2019

A) अनिश्चितवाचक विशेषण B) गुणवाचक विशेषण C) संख्यावाचक विशेषण D) परिमाणवाचक विशेषण

13. 'उसका घर बहुत बड़ा है' वाक्य में 'बड़ा' कौन-सा विशेषण है – परीक्षा: PGT, वर्ष: 2021

A) गुणवाचक विशेषण B) संख्यावाचक विशेषण C) परिमाणवाचक विशेषण D) संकेतवाचक विशेषण

14. 'कुछ लोग वहाँ खड़े हैं' वाक्य में 'कुछ' कौन-सा विशेषण है – परीक्षा: RPSC Sub Inspector, वर्ष: 2018

A) अनिश्चितवाचक विशेषण B) गुणवाचक विशेषण C) संख्यावाचक विशेषण D) परिमाणवाचक विशेषण

15. 'पाँच विद्यार्थी पुरस्कार पाए' वाक्य में 'पाँच' कौन-सा विशेषण है – परीक्षा: REET, वर्ष: 2020

A) संख्यावाचक विशेषण B) गुणवाचक विशेषण C) परिमाणवाचक विशेषण D) संकेतवाचक विशेषण

16. 'इतनी गर्मी क्यों है' वाक्य में 'इतनी' कौन-सा विशेषण है – परीक्षा: UGC NET, वर्ष: 2017

A) परिमाणवाचक विशेषण B) गुणवाचक विशेषण C) संख्यावाचक विशेषण D) संकेतवाचक विशेषण

17. 'यह वही पुस्तक है' वाक्य में 'वही' कौन-सा विशेषण है – परीक्षा: CUET, वर्ष: 2022

A) संकेतवाचक विशेषण B) गुणवाचक विशेषण C) परिमाणवाचक विशेषण D) संख्यावाचक विशेषण

18. 'अच्छा विद्यार्थी सफल होता है' वाक्य में 'अच्छा' कौन-सा विशेषण है – परीक्षा: SET, वर्ष: 2020

A) गुणवाचक विशेषण B) संख्यावाचक विशेषण C) परिमाणवाचक विशेषण D) संकेतवाचक विशेषण

19. 'इतने लोग यहाँ क्यों आए हैं' वाक्य में 'इतने' कौन-सा विशेषण है – परीक्षा: RPSC Second Grade, वर्ष: 2019

A) परिमाणवाचक विशेषण B) संख्यावाचक विशेषण C) गुणवाचक विशेषण D) संकेतवाचक विशेषण

20. 'मेरी पुस्तक नई है' वाक्य में 'मेरी' कौन-सा विशेषण है – परीक्षा: CTET, वर्ष: 2021

A) संबंधवाचक विशेषण B) गुणवाचक विशेषण C) संख्यावाचक विशेषण D) परिमाणवाचक विशेषण

उत्तरमाला: 1-A,2-A,3-A,4-A,5-A,6-A,7-A,8-A,9-A,10-A,11-A,12-A,13-A,14-A,15-A,16-A,17-A,18-A,19-A,20-A

1. 'बड़ा घर सुंदर लगता है' वाक्य में 'बड़ा' कौन-सा विशेषण है – परीक्षा: RPSC Sub Inspector, वर्ष: 2020

A) गुणवाचक विशेषण B) संख्यावाचक विशेषण C) परिमाणवाचक विशेषण D) संकेतवाचक विशेषण

2. 'चार छात्र प्रतियोगिता में जीते' वाक्य में 'चार' कौन-सा विशेषण है – परीक्षा: REET, वर्ष: 2021

A) संख्यावाचक विशेषण B) गुणवाचक विशेषण C) परिमाणवाचक विशेषण D) संबंधवाचक विशेषण

3. 'इतना दूध पर्याप्त है' वाक्य में 'इतना' कौन-सा विशेषण है – परीक्षा: CTET, वर्ष: 2022

A) परिमाणवाचक विशेषण B) गुणवाचक विशेषण C) संख्यावाचक विशेषण D) संकेतवाचक विशेषण

4. 'वह लड़का बहुत चतुर है' वाक्य में 'चतुर' कौन-सा विशेषण है – परीक्षा: UGC NET, वर्ष: 2018

A) गुणवाचक विशेषण B) परिमाणवाचक विशेषण C) संख्यावाचक विशेषण D) संकेतवाचक विशेषण

5. 'कई विद्यार्थी अनुपस्थित थे' वाक्य में 'कई' कौन-सा विशेषण है – परीक्षा: SET, वर्ष: 2019

A) अनिश्चितवाचक विशेषण B) संख्यावाचक विशेषण C) गुणवाचक विशेषण D) परिमाणवाचक विशेषण

6. 'वह पुस्तक बहुत उपयोगी है' वाक्य में 'उपयोगी' कौन-सा विशेषण है – परीक्षा: PGT, वर्ष: 2021

A) गुणवाचक विशेषण B) परिमाणवाचक विशेषण C) संख्यावाचक विशेषण D) संकेतवाचक विशेषण

7. 'कुछ लोग यहाँ रहते हैं' वाक्य में 'कुछ' कौन-सा विशेषण है – परीक्षा: RPSC Second Grade, वर्ष: 2018

A) अनिश्चितवाचक विशेषण B) गुणवाचक विशेषण
C) संख्यावाचक विशेषण D) परिमाणवाचक विशेषण

8. 'ऐसा अवसर बार-बार नहीं मिलता' वाक्य में 'ऐसा' कौन-सा विशेषण है – परीक्षा: CUET, वर्ष: 2023

A) संकेतवाचक विशेषण B) गुणवाचक विशेषण C) परिमाणवाचक विशेषण D) संख्यावाचक विशेषण

9. 'इतने विद्यार्थी उपस्थित थे' वाक्य में 'इतने' कौन-सा विशेषण है – परीक्षा: UGC NET, वर्ष: 2020

A) परिमाणवाचक विशेषण B) संख्यावाचक विशेषण
C) गुणवाचक विशेषण D) संकेतवाचक विशेषण

10. 'सभी बच्चे खुश हैं' वाक्य में 'सभी' कौन-सा विशेषण है – परीक्षा: REET, वर्ष: 2022

A) परिमाणवाचक विशेषण B) गुणवाचक विशेषण C) संख्यावाचक विशेषण D) संकेतवाचक विशेषण

11. 'किस विद्यार्थी ने उत्तर दिया' वाक्य में 'किस' कौन-सा विशेषण है – परीक्षा: CTET, वर्ष: 2021

A) प्रश्नवाचक विशेषण B) गुणवाचक विशेषण C) परिमाणवाचक विशेषण D) संकेतवाचक विशेषण

12. 'इतनी बड़ी इमारत मैंने नहीं देखी' वाक्य में 'इतनी' कौन-सा विशेषण है – परीक्षा: SET, वर्ष: 2020

A) परिमाणवाचक विशेषण B) गुणवाचक विशेषण C) संख्यावाचक विशेषण D) संकेतवाचक विशेषण

13. 'यह वही आदमी है' वाक्य में 'वही' कौन-सा विशेषण है – परीक्षा: PGT, वर्ष: 2022

A) संकेतवाचक विशेषण B) गुणवाचक विशेषण C) संख्यावाचक विशेषण D) परिमाणवाचक विशेषण

14. 'थोड़े लोग ही सत्य जानते हैं' वाक्य में 'थोड़े' कौन-सा विशेषण है – परीक्षा: RPSC Sub Inspector, वर्ष: 2019

A) परिमाणवाचक विशेषण B) संख्यावाचक विशेषण

C) गुणवाचक विशेषण D) संकेतवाचक विशेषण

15. 'अनेक समस्याएँ सामने आईं' वाक्य में 'अनेक' कौन-सा विशेषण है – परीक्षा: REET, वर्ष: 2020

A) अनिश्चितवाचक विशेषण B) गुणवाचक विशेषण

C) संख्यावाचक विशेषण D) परिमाणवाचक विशेषण

16. 'वह छात्र बहुत परिश्रमी है' वाक्य में 'परिश्रमी' कौन-सा विशेषण है – परीक्षा: UGC NET, वर्ष: 2017

A) गुणवाचक विशेषण B) संख्यावाचक विशेषण C) परिमाणवाचक विशेषण D) संकेतवाचक विशेषण

17. 'दोनों मित्र सफल हुए' वाक्य में 'दोनों' कौन-सा विशेषण है – परीक्षा: CUET, वर्ष: 2022

A) संख्यावाचक विशेषण B) गुणवाचक विशेषण C) परिमाणवाचक विशेषण D) संकेतवाचक विशेषण

18. 'इतनी मेहनत व्यर्थ नहीं जाएगी' वाक्य में 'इतनी' कौन-सा विशेषण है – परीक्षा: SET, वर्ष: 2018

A) परिमाणवाचक विशेषण B) गुणवाचक विशेषण C) संख्यावाचक विशेषण D) संकेतवाचक विशेषण

19. 'यहाँ हर व्यक्ति महत्वपूर्ण है' वाक्य में 'हर' कौन-सा विशेषण है – परीक्षा: RPSC Second Grade, वर्ष: 2021

A) अनिश्चितवाचक विशेषण B) गुणवाचक विशेषण
C) संख्यावाचक विशेषण D) परिमाणवाचक विशेषण

20. 'इतनी लंबी सड़क मैंने नहीं देखी' वाक्य में 'लंबी' कौन-सा विशेषण है – परीक्षा: CTET, वर्ष: 2020

A) गुणवाचक विशेषण B) संख्यावाचक विशेषण C) परिमाणवाचक विशेषण D) संकेतवाचक विशेषण

उत्तरमाला: 1-A,2-A,3-A,4-A,5-A,6-A,7-A,8-A,9-A,10-A,11-A,12-A,13-A,14-A,15-A,16-A,17-A,18-A,19-A,20-A

4 क्रिया (Verb) - परिभाषा, प्रकार एवं उदाहरण

हिंदी व्याकरण में क्रिया वह शब्द होता है जो किसी कार्य के होने, करने या घटित होने का बोध कराता है।
सरल शब्दों में कहा जाए तो जिस शब्द से यह पता चलता है कि कोई व्यक्ति या वस्तु क्या कर रही है या क्या हो रहा है,उसे क्रिया कहते हैं। उदाहरण के लिए–राम पढ़ता है, बच्चा खेल रहा है, पक्षी उड़ रहे हैं, पानी बह रहा है। इन वाक्यों में पढ़ता है, खेल रहा है, उड़ रहे हैं और बह रहा है शब्द क्रिया हैं, क्योंकि ये किसी कार्य या क्रिया केहोने का संकेत दे रहे हैं। इसलिए कहा जाता है कि क्रिया वाक्य का अत्यंत महत्वपूर्ण अंग होती है, क्योंकि इसके बिना वाक्य का अर्थ स्पष्ट नहीं हो पाता।

यदि हम किसी वाक्य में क्रिया को हटा दें तो वाक्य अधूरा और अर्थहीन लगने लगता है। उदाहरण के लिए–"राम पुस्तक" कहने से बात स्पष्ट नहीं होती, लेकिन जब हम कहते हैं–"राम पुस्तक पढ़ रहा है" तो वाक्य का अर्थ तुरंत समझ में आ जाता है। इसी प्रकार "बच्चे मैदान में खेल रहे हैं", "सूर्य उगता है", "पानी बहता है" आदि
वाक्यों में क्रिया शब्द यह बता रहे हैं कि कार्य क्या हो रहा

है। इस प्रकार जब भी किसी वाक्य में क्या हो रहा है,क्या किया जा रहा है या क्या हो चुका है का बोध होता है, वहाँ क्रिया का प्रयोग होता है। इसलिए हिंदी व्याकरण में क्रिया को भाषा की गतिशीलता और क्रियाशीलता का सबसे महत्वपूर्ण आधार माना जाता है।

संस्कृत में क्रिया को धातु से उत्पन्न माना जाता है।

परिभाषा -

"धातोः क्रियार्थकत्वं क्रिया।"

अर्थ: जिससे कार्य का ज्ञान हो, वही क्रिया है

दूसरी परिभाषा:

"येन कार्यं ज्ञायते सा क्रिया।"

अर्थ: जिससे कार्य का ज्ञान हो, वही क्रिया है। या जिस शब्द से किसी कार्य का करना, होना या अवस्था का बोध हो, उसे क्रिया कहते हैं।

In English:

A verb is a word that expresses an action, state, or occurrence.

उदाहरण:

राम पढ़ता है।

बच्चा रो रहा है।

She writes.

He runs.

काल के आधार पर क्रिया के भेद-

काल के आधार पर क्रिया के तीन भेद है

1 वर्तमान कल 2 भूतकाल 3 भविष्य काल

1 वर्तमान काल [Present Tense] जिस क्रिया से वर्तमान समय में होने वाले कार्य का बोध हो, उसे वर्तमान काल कहते है हिंदी में वर्तमान काल के तीन प्रमुख भेद माने जाते हैं:

1 सामान्य वर्तमान काल-जिस क्रिया से नियमित या सामान्य रूप से होने वाले कार्य का बोध होता है, उसे सामान्य वर्तमान काल कहते हैं। वाक्य में प्रायः ता है, ती है, ते हैं आते हैं।उदाहरण-

राम स्कूल जाता है वह किताब पढ़ती है। बच्चे खेलते हैं।

अंग्रेज़ी से अंतर

अंग्रेज़ी में इसे Simple Present Tense कहते हैं।

2 अपूर्ण वर्तमान काल- जिस क्रिया से वर्तमान समय में कार्य के जारी रहने का बोध हो, उसे अपूर्ण वर्तमान काल कहते हैं।

पहचान

वाक्य में रहा है, रही है, रहे हैं आते हैं।राम पढ़ रहा है।

सीता खाना बना रही है।

बच्चे खेल रहे हैं अंग्रेज़ी में इसे Present Continuous Tense कहते हैं।

3 संदिग्ध वर्तमान काल- जिस क्रिया से वर्तमान समय में कार्य होने की संभावना या अनुमान व्यक्त हो, उसे संदिग्ध वर्तमान काल कहते हैं

पहचान-वाक्य में ता होगा, ती होगी, ते होंगे आते हैं।

उदाहरण- राम स्कूल जाता होगा

वह पढ़ती होगी।

2 भूतकाल (Past Tense)- जिस क्रिया से बीते हुए समय में कार्य के होने का बोध होता है, उसे भूतकाल कहते है हिंदी में भूतकाल के पाँच प्रमुख भेद माने जाते हैं: 1. सामान्य भूतकाल 2. अपूर्ण भूतकाल 3. पूर्ण भूतकाल 4 हेतुहेतुमद् बहुत काल 5 आसन्न भूतकाल

1 सामान्य भूतकाल- जिस क्रिया से बीते हुए समय में कार्य के होने का साधारण बोध हो, उसे सामान्य भूतकाल कहते हैं। उदाहरण:

राम स्कूल गया। सीता ने पत्र लिखा। बच्चों ने खेल खेला।

2. अपूर्ण भूतकाल

परिभाषा: जिस क्रिया से भूतकाल में कार्य के जारी रहने का बोध हो, उसे अपूर्ण भूतकाल कहते हैं।उदाहरण:

राम पढ़ रहा था।

सीता खाना बना रही थी।

बच्चे मैदान में खेल रहे थे।

3. पूर्ण भूतकाल

परिभाषा: जिस क्रिया से भूतकाल में कार्य के पूर्ण हो जाने का बोध हो, उसे पूर्ण भूतकाल कहते हैं।उदाहरण:

राम पढ़ चुका था।

सीता खाना बना चुकी थी।

She had played.

4 हेतु-हेतुमद् भूतकाल

परिभाषा:

जब कोई कार्य भूतकाल में किसी शर्त या कारण पर निर्भर हो, उसे हेतु-हेतुमद् भूतकाल कहते हैं।

पहचान:

"यदि...तो...", "अगर...तो..."

उदाहरण:

यदि वह पढ़ता, तो पास हो जाता।

अगर तुम आते, तो मैं मिलता।

यदि वह मेहनत करता, तो सफल होता।

अगर बारिश होती, तो फसल अच्छी होती।

5 आसन्न भूतकाल -जिस से अभी अभी हुए कार्य का बोध

हो उसे आसन्न भूत कहते है इसको अंग्रेजी के present perfect जैसा माना जा सकता है जैसे -राम अभी अभी स्कूल गया है

3 भविष्यकाल (Future Tense)

जिस क्रिया से आने वाले समय में होने वाले कार्य का बोध होता है, उसे भविष्य काल कहते हैं।

उदाहरण: राम कल स्कूल जाएगा। मैं पुस्तक पढ़ूँगा। सीता खाना बनाएगी।

भविष्य काल के भेद

हिंदी व्याकरण में भविष्य काल के तीन भेद माने जाते हैं:

1. सामान्य भविष्य काल
2. अपूर्ण भविष्य काल
3. पूर्ण भविष्य काल

1. सामान्य भविष्य काल-

परिभाषा: जिस क्रिया से भविष्य में कार्य होने का साधारण बोध हो, उसे सामान्य भविष्य काल कहते हैं।

पहचान: गा, गी, गे

उदाहरण: राम स्कूल जाएगा। सीता खाना बनाएगी। बच्चे खेल खेलेंगे।

2. अपूर्ण भविष्य काल

परिभाषा: जिस क्रिया से भविष्य में कार्य के जारी रहने का बोध हो, उसे अपूर्ण भविष्य काल कहते हैं।
पहचान: रहा होगा, रही होगी, रहे होंगे
उदाहरण: राम पढ़ रहा होगा। सीता खाना बना रही होगी। बच्चे खेल रहे होंगे।

3. पूर्ण भविष्य काल

परिभाषा: जिस क्रिया से भविष्य में कार्य के पूरा हो जाने का बोध हो, उसे पूर्ण भविष्य काल कहते हैं।
पहचान: चुका होगा, चुकी होगी, चुके होंगे
उदाहरण: राम पढ़ चुका होगा। सीता खाना बना चुकी होगी। बच्चे खेल चुके होंगे
हिंदी में क्रिया का रूप परिवर्तन (जाना)

	सामान्य	पूर्ण	अपूर्ण	संदिग्ध
Present tense	Present indefinite के लक्षण जैसे	-----------	Present continuous अपूर्ण वर्तमान	Future indefinite संदिग्ध वर्तमान

	वाक्यों के अंत में ता है ,ते है, ति है			ता होंगे ,ते होंगे
Past tense	Past indefinite के लक्षण	Past perfect पूर्ण भूतकाल	Past continuous	----------------------
Future tense	Future indefinite के लक्षण	Future perfect tense पूर्ण भविष्य काल	Future continuous	----------------

1. 'राम पत्र लिखता है' वाक्य में कौन-सा काल है –

परीक्षा: RPSC Sub Inspector, वर्ष: 2021

A) सामान्य वर्तमान काल B) पूर्ण वर्तमान काल C) सामान्य भूतकाल D) सामान्य भविष्य काल

2. 'सीता गाना गा रही है' वाक्य में कौन-सा काल है – परीक्षा: REET, वर्ष: 2022

A) अपूर्ण वर्तमान काल B) सामान्य वर्तमान काल C) सामान्य भूतकाल D) सामान्य भविष्य काल

3. 'राम ने भोजन किया' वाक्य में कौन-सा काल है – परीक्षा: CTET, वर्ष: 2021

A) सामान्य भूतकाल B) पूर्ण भूतकाल C) अपूर्ण भूतकाल D) सामान्य भविष्य काल

4. 'वह कल आएगा' वाक्य में कौन-सा काल है – परीक्षा: UGC NET, वर्ष: 2019

A) सामान्य भविष्य काल B) सामान्य भूतकाल C) पूर्ण वर्तमान काल D) अपूर्ण भूतकाल

5. 'राम पढ़ चुका है' वाक्य में कौन-सा काल है – परीक्षा: SET, वर्ष: 2018

A) पूर्ण वर्तमान काल B) सामान्य वर्तमान काल C) सामान्य भूतकाल D) सामान्य भविष्य काल

6. 'लड़का खेल रहा था' वाक्य में कौन-सा काल है – परीक्षा: PGT, वर्ष: 2020

A) अपूर्ण भूतकाल B) सामान्य भूतकाल C) पूर्ण भूतकाल D) सामान्य भविष्य काल

7. 'राम विद्यालय जाता था' वाक्य में कौन-सा काल है – परीक्षा: RPSC Second Grade, वर्ष: 2017

A) अपूर्ण भूतकाल B) सामान्य भूतकाल C) पूर्ण भूतकाल D) भविष्य काल

8. 'वह पत्र लिख चुका था' वाक्य में कौन-सा काल है – परीक्षा: CUET, वर्ष: 2023

A) पूर्ण भूतकाल B) सामान्य भूतकाल C) अपूर्ण भूतकाल D) सामान्य भविष्य काल

9. 'हम कल दिल्ली जाएंगे' वाक्य में कौन-सा काल है – परीक्षा: UGC NET, वर्ष: 2020

A) सामान्य भविष्य काल B) सामान्य वर्तमान काल C) सामान्य भूतकाल D) पूर्ण वर्तमान काल

10. 'राम पढ़ रहा है' वाक्य में कौन-सा काल है – परीक्षा: REET, वर्ष: 2021

A) अपूर्ण वर्तमान काल B) सामान्य वर्तमान काल C) सामान्य भूतकाल D) सामान्य भविष्य काल

11. 'राम ने पत्र लिखा था' वाक्य में कौन-सा काल है – परीक्षा: CTET, वर्ष: 2022

A) पूर्ण भूतकाल B) सामान्य भूतकाल C) अपूर्ण भूतकाल D) सामान्य भविष्य काल

12. 'वह कल आएगा' वाक्य में कौन-सा काल है – परीक्षा: SET, वर्ष: 2019

A) सामान्य भविष्य काल B) पूर्ण वर्तमान काल C) सामान्य भूतकाल D) अपूर्ण भूतकाल

13. 'लड़का दौड़ता है' वाक्य में कौन-सा काल है – परीक्षा: PGT, वर्ष: 2021

A) सामान्य वर्तमान काल B) अपूर्ण वर्तमान काल C) सामान्य भूतकाल D) भविष्य काल

14. 'सीता गा रही थी' वाक्य में कौन-सा काल है – परीक्षा: RPSC Sub Inspector, वर्ष: 2018

A) अपूर्ण भूतकाल B) सामान्य भूतकाल C) पूर्ण भूतकाल D) सामान्य भविष्य काल

15. 'वह पढ़ेगा' वाक्य में कौन-सा काल है – परीक्षा: REET, वर्ष: 2020

A) सामान्य भविष्य काल B) सामान्य वर्तमान काल C) सामान्य भूतकाल D) पूर्ण भूतकाल

16. 'हम काम कर रहे हैं' वाक्य में कौन-सा काल है – परीक्षा: UGC NET, वर्ष: 2017

A) अपूर्ण वर्तमान काल B) सामान्य वर्तमान काल C) सामान्य भूतकाल D) भविष्य काल

17. 'राम ने काम किया था' वाक्य में कौन-सा काल है – परीक्षा: CUET, वर्ष: 2022

A) पूर्ण भूतकाल B) सामान्य भूतकाल C) अपूर्ण भूतकाल D) भविष्य काल

18. 'लड़का सो रहा है' वाक्य में कौन-सा काल है – परीक्षा: SET, वर्ष: 2020

A) अपूर्ण वर्तमान काल B) सामान्य वर्तमान काल C) सामान्य भूतकाल D) सामान्य भविष्य काल

19. 'राम जाएगा' वाक्य में कौन-सा काल है – परीक्षा: RPSC Second Grade, वर्ष: 2019

A) सामान्य भविष्य काल B) सामान्य वर्तमान काल
C) सामान्य भूतकाल D) पूर्ण वर्तमान काल

20. 'सीता ने गीत गाया' वाक्य में कौन-सा काल है –
परीक्षा: CTET, वर्ष: 2021

A) सामान्य भूतकाल B) अपूर्ण भूतकाल C) पूर्ण भूतकाल D) सामान्य भविष्य काल

उत्तरमाला: 1-A,2-A,3-A,4-A,5-A,6-A,7-A,8-A,9-A,10-A,11-A,12-A,13-A,14-A,15-A,16-A,17-A,18-A,19-A,20-A

रचना के आधार पर क्रिया के भेद - दो या पाँच?

हिंदी व्याकरण में रचना (बनावट) के आधार पर क्रिया के भेद के बारे में अलग-अलग व्याकरणाचार्यों के मत मिलते हैं।

कुछ विद्वान इसे दो भेद मानते हैं, जबकि कुछ विद्वान इसे पाँच भेद बताते हैं। यह अंतर इसलिए दिखाई देता है क्योंकि

कुछ व्याकरणाचार्य क्रिया की मूल बनावट को देखते हैं, जबकि कुछ विद्वान क्रिया के प्रयोग और संरचना के प्रकार को भी अलग-अलग मानते हैं। इसलिए दोनों मत अपने-अपने दृष्टिकोण से सही माने जाते हैं।

(1) दो भेद मानने का मत

कई विद्वान रचना के आधार पर क्रिया के केवल दो ही

भेद मानते हैं–मूल क्रिया और यौगिक क्रिया।

मूल क्रिया वह होती है जो अपने मूल रूप में प्रयोग होती है और किसी अन्य शब्द के मेल से नहीं बनी होती।

जैसे–चलना, पढ़ना, लिखना, खेलना आदि।

यौगिक क्रिया वह होती है जो दो या दो से अधिक शब्दों या क्रियाओं के मेल से बनती है।

जैसे–खा लेना, पढ़ लेना, रो पड़ना, उठ जाना आदि।

इस मत में बाकी सभी प्रकार की क्रियाओं को यौगिक क्रिया का ही रूप माना जाता है,

इसलिए केवल दो भेद बताए जाते हैं।

(2) पाँच भेद मानने का मत

कुछ व्याकरणाचार्य रचना के आधार पर क्रिया के पाँच भेद बताते हैं–

1. साधारण क्रिया
2. संयुक्त क्रिया
3. प्रेरणार्थक क्रिया
4. नामधातु क्रिया
5. सहायक क्रिया

इस मत में क्रियाओं के विभिन्न रूपों और प्रयोगों को अलग-अलग मानकर उनका विस्तार से वर्गीकरण किया गया है। उदाहरण के लिए–

चलना, पढ़ना → साधारण क्रिया

खा लेना, बैठ जाना → संयुक्त क्रिया

लिखवाना, खिलवाना → प्रेरणार्थक क्रिया

शर्माना, हथियाना → नामधातु क्रिया

है, था, रहे हैं → सहायक क्रिया

निष्कर्ष

इस प्रकार यह स्पष्ट होता है कि दो भेद मानने वाला मत क्रिया की मूल बनावट पर आधारित है,

जबकि पाँच भेद मानने वाला मत क्रिया के प्रयोग और संरचना को विस्तार से समझाने के लिए बनाया गया है।

इसलिए दोनों मत अपने-अपने स्थान पर सही माने जाते हैं।

सामान्य अध्ययन में अक्सर दो भेद (मूल क्रिया और यौगिक क्रिया) पढ़ाए जाते हैं,

जबकि विस्तृत व्याकरण में पाँच भेद भी बताए जाते हैं।

रचना के आधार पर क्रिया के भेद

हिंदी व्याकरण में क्रिया को कई आधारों पर बाँटा जाता है। उनमें से एक महत्त्वपूर्ण आधार रचना (बनावट या संरचना) भी है।

जब हम यह देखते हैं कि कोई क्रिया किस प्रकार बनी है या किस ढंग से प्रयोग की जा रही है, तो उसे रचना के

आधार पर क्रिया के भेद कहा जाता है।
इस आधार पर हिंदी में मुख्यतः साधारण क्रिया, संयुक्त क्रिया, प्रेरणार्थक क्रिया, पूर्वकालिक क्रिया, नामधातु क्रिया और सहायक क्रिया जैसे भेद बताए जाते हैं।
इन भेदों को समझने से हमें यह जानने में सहायता मिलती है कि क्रिया किस प्रकार बनी है और वाक्य में उसका प्रयोग किस प्रकार किया जा रहा है।

1 साधारण क्रिया- वह क्रिया होती है जो अपने सामान्य और मूल रूप में प्रयोग की जाती है तथा जिसमें किसी दूसरी क्रिया या शब्द का मेल नहीं होता।
उदाहरण के लिए–चलना, पढ़ना, लिखना, खेलना, हँसना आदि। जैसे–राम पढ़ता है, बच्चा खेलता है, लड़का दौड़ता है।
इन वाक्यों में पढ़ता है, खेलता है और दौड़ता है साधारण क्रियाएँ हैं, क्योंकि ये अपने मूल रूप में ही प्रयोग हो रही हैं।

2 संयुक्त क्रिया- वह क्रिया होती है जो दो या दो से अधिक क्रियाओं के मेल से बनती है। जब एक मुख्य क्रिया के साथ दूसरी क्रिया जुड़कर नया अर्थ प्रकट करती है, तब उसे संयुक्त क्रिया कहते हैं। उदाहरण के लिए–खा लेना, पढ़ लेना, बैठ जाना, रो पड़ना, उठ जाना आदि।

जैसे–वह खाना खा गया, बच्चा रो पड़ा। यहाँ खा गया और रो पड़ा संयुक्त क्रियाएँ हैं।

3 प्रेरणार्थक क्रिया -वह क्रिया होती है जिसमें कर्ता स्वयं कार्य नहीं करता, बल्कि किसी दूसरे से कार्य करवाता है। अर्थात कर्ता किसी को प्रेरित करके या आदेश देकर काम करवाता है। उदाहरण के लिए–राम ने नौकर से पानी मँगवाया, माँ ने बच्चे से पाठ लिखवाया।

इन वाक्यों में मँगवाया और लिखवाया प्रेरणार्थक क्रियाएँ हैं, क्योंकि कार्य किसी दूसरे से कराया जा रहा है।

4 पूर्वकालिक क्रिया

परिभाषा:

जब किसी वाक्य में एक क्रिया पहले पूरी हो जाती है और उसके बाद दूसरी क्रिया होती है, तो पहले पूरी होने वाली क्रिया को पूर्वकालिक क्रिया कहते हैं।

पहचान:

वाक्य में दो क्रियाएँ होती हैं।

पहली क्रिया 'कर', 'के', 'करके' आदि के साथ आती है।उदाहरण:

राम खाना खाकर सो गया। (खाकर = पूर्वकालिक क्रिया)

वह नहाकर स्कूल गया। (नहाकर = पूर्वकालिक क्रिया)

सीता पढ़कर खेलने चली गई। (पढ़कर = पूर्वकालिक क्रिया)

मैं काम खत्म करके घर आया। (खत्म करके = पूर्वकालिक क्रिया)

वह खाना बनाकर बाजार गया। (बनाकर = पूर्वकालिक क्रिया)सूत्र:-

पहले काम + कर/के → बाद में मुख्य क्रिया = पूर्वकालिक क्रिया

5 नामधातु क्रिया- वह क्रिया होती है जो संज्ञा या विशेषण से बनती है। जब किसी संज्ञा या विशेषण के साथ प्रत्यय जोड़कर क्रिया बनाई जाती है,

तब उसे नामधातु क्रिया कहते हैं। उदाहरण के लिए–हाथ → हथियाना, बात → बतियाना, शर्म → शर्माना आदि। यहाँ संज्ञा शब्द से क्रिया का निर्माण हुआ है।-

6 सहायक क्रिया- वह क्रिया होती है जो मुख्य क्रिया के साथ मिलकर वाक्य के अर्थ को पूर्ण करती है।

यह मुख्य क्रिया की सहायता करती है और काल, वचन या पुरुष को स्पष्ट करती है। उदाहरण के लिए–राम पढ़ रहा है, सीमा लिख चुकी है, वे खेल रहे हैं।

इन वाक्यों में है, चुके हैं, रहे हैं सहायक क्रियाएँ हैं, जो मुख्य क्रिया के अर्थ को पूरा कर रही हैं।

कर्म के आधार पर क्रिया के भेद

हिंदी व्याकरण में क्रिया को कई आधारों पर बाँटा जाता है। उनमें से एक महत्वपूर्ण आधार कर्म (Object) है। कर्म वह शब्द होता है जिस पर क्रिया का प्रभाव पड़ता है। जब किसी वाक्य में क्रिया के साथ यह पता चलता है कि कार्य

किस पर किया जा रहा है, तो उस शब्द को कर्म कहते हैं। उदाहरण के लिए–राम पुस्तक पढ़ता है।
इस वाक्य में "पढ़ता है" क्रिया है और "पुस्तक" कर्म है, क्योंकि पढ़ने का कार्य पुस्तक पर हो रहा है।
इसी आधार पर क्रिया को मुख्य रूप से दो प्रकारों में बाँटा जाता है–सकर्मक क्रिया और अकर्मक क्रिया।
यह वर्गीकरण हमें यह समझने में सहायता करता है कि क्रिया का प्रभाव किसी वस्तु पर पड़ रहा है या नहीं।

1 सकर्मक क्रिया (Transitive Verb) -सकर्मक क्रिया वह क्रिया होती है जिसका प्रभाव किसी कर्म पर पड़ता है। दूसरे शब्दों में, जब किसी क्रिया को समझने के लिए वाक्य में कर्म का होना आवश्यक होता है, तब वह क्रिया सकर्मक कहलाती है। उदाहरण के लिए–
सीमा पत्र लिखती है, राम फल खाता है, बच्चा गेंद खेलता है। इन वाक्यों में लिखती है, खाता है और खेलता है क्रियाएँ हैं, और पत्र, फल और गेंद कर्म हैं। यहाँ क्रिया का प्रभाव सीधे कर्म पर पड़ रहा है। इसलिए इन्हें सकर्मक क्रिया कहा जाता है। सरल शब्दों में कहा जा सकता है कि जिस क्रिया में "क्या?" या "किसे?" प्रश्न करने पर उत्तर मिल जाता है, वह सकर्मक क्रिया होती है।

जिस क्रिया में कर्म की आवश्यकता हो।

या

परिभाषा (व्याकरणिक): जिस क्रिया का फल या प्रभाव किसी कर्म पर पड़ता है, उसे सकर्मक क्रिया कहते हैं।

सरल अर्थ: जिस क्रिया में कर्म (Object) का होना आवश्यक होता है, वह सकर्मक क्रिया कहलाती है।

पहचान: यदि क्रिया के बाद 'क्या?' या 'किसे?' प्रश्न करने पर उत्तर मिल जाए, तो वह सकर्मक क्रिया होती है।

उदाहरण:

1. राम किताब पढ़ता है। (क्या पढ़ता है? → किताब)
2. सीता पत्र लिखती है। (क्या लिखती है? → पत्र)
3. वह फल खाता है। (क्या खाता है? → फल)

संक्षेप: सकर्मक क्रिया = वह क्रिया जिसमें कर्म का होना आवश्यक होता है।

निहित कर्म के साथ सकर्मक क्रिया

कभी-कभी सकर्मक क्रिया का कर्म वाक्य में स्पष्ट रूप से नहीं लिखा होता, लेकिन उसका अर्थ समझ में आ जाता है। ऐसे में क्रिया को सकर्मक क्रिया ही माना जाता है, क्योंकि कर्म निहित (implied) रहता है।

उदाहरण:

राम खाता है। (यहाँ क्या खाता है? → भोजन समझा जाता है)

बच्चा पीता है। (क्या पीता है? → पानी / दूध समझा जाता है)

वह लिख रहा है। (क्या लिख रहा है? → पत्र / लेख समझा जा सकता है)

इन वाक्यों में कर्म वाक्य में नहीं लिखा गया है, लेकिन अर्थ से समझ में आ रहा है, इसलिए ये सकर्मक क्रिया के उदाहरण माने जा सकते हैं।

निष्कर्ष: जब कर्म वाक्य में न हो लेकिन अर्थ से समझ में आए, तो उसे निहित कर्म कहा जाता है और क्रिया सकर्मक ही मानी जाती है।

सकर्मक क्रिया के उदाहरण

किताब पढ़ना, खाना खाना, पानी पीना, पत्र लिखना, चित्र बनाना,

गीत गाना, गेंद फेंकना, दरवाज़ा खोलना, कपड़े धोना, गाड़ी चलाना,

घर बनाना, कहानी सुनाना, खेल खेलना, दूध उबालना, पैसा देना,

सवाल पूछना, जवाब देना, चाय बनाना, किताब खरीदना,

फल काटना,

घर साफ करना, दीवार रंगना, गाना सुनना, संदेश भेजना, बैग उठाना,

पानी भरना, गाड़ी रोकना, दरवाज़ा बंद करना, फोन मिलाना, मदद करना,

दवा लेना, खेत जोतना, नियम मानना, आदेश देना, पुस्तक लिखना,

पाठ पढ़ाना, बच्चा सिखाना, पैसा कमाना, चाय पीना, दूध पीना,

फल खाना, मोबाइल चलाना, चित्र खींचना, गीत सुनाना, कपड़े इस्त्री करना,

चिट्ठी भेजना, खाना परोसना, घर सजाना, योजना बनाना, परीक्षा देना।

----

2 अकर्मक क्रिया (Intransitive Verb) -अकर्मक क्रिया वह क्रिया होती है जिसका प्रभाव किसी कर्म पर नहीं पड़ता और जिसके लिए कर्म की आवश्यकता नहीं होती। अर्थात क्रिया का अर्थ अपने आप ही पूर्ण हो जाता है। उदाहरण के लिए–बच्चा हँसता है, पक्षी उड़ते हैं, सूरज निकलता है,

लड़का दौड़ता है। इन वाक्यों में हँसता है, उड़ते हैं, निकलता है और दौड़ता है क्रियाएँ हैं, लेकिन इनके साथ कोई कर्म नहीं है। यहाँ क्रिया का प्रभाव किसी वस्तु पर नहीं पड़ रहा है। इसलिए इन्हें अकर्मक क्रिया कहा जाता है। इस प्रकार जहाँ क्रिया का प्रभाव किसी कर्म पर पड़ता है वह सकर्मक क्रिया होती है, और जहाँ क्रिया बिना कर्म के ही पूर्ण अर्थ दे देती है वह अकर्मक क्रिया कहलाती है।
जिस क्रिया में कर्म की आवश्यकता न हो।
या

परिभाषा (व्याकरणिक): जिस क्रिया का फल या प्रभाव किसी कर्म पर नहीं पड़ता, उसे अकर्मक क्रिया कहते हैं।

सरल अर्थ: जिस क्रिया में कर्म (Object) की आवश्यकता नहीं होती, वह अकर्मक क्रिया कहलाती है।

पहचान: यदि क्रिया के बाद 'क्या?' या 'किसे?' प्रश्न करने पर उत्तर नहीं मिलता, तो वह अकर्मक क्रिया होती है।
उदाहरण:
1 राम सोता है। (क्या सोता है? → कोई उत्तर नहीं)
2. बच्चा रोता है। (क्या रोता है? → उत्तर नहीं)
3. पक्षी उड़ते हैं। (क्या उड़ते हैं? → उत्तर नहीं)संक्षेप:
अकर्मक क्रिया = वह क्रिया जिसमें कर्म की आवश्यकता

नहीं होती।

सकर्मक और अकर्मक क्रिया की पहचान - विस्तृत व्याख्या

1 केवल क्रिया दी हो तो पहचान कैसे करें?

तरीका 1: "क्या?" / "किसे?" लगाकर देखें

यदि उत्तर मिल जाए → सकर्मक

यदि उत्तर न मिले → अकर्मक

उदाहरण:

पढ़ना → क्या पढ़ना? किताब ✓ (सकर्मक)

खाना → क्या खाना? भोजन ✓ (सकर्मक)

सोना → क्या सोना? ✕ (अकर्मक)

रोना → क्या रोना? ✕ (अकर्मक)

तरीका 2: क्या क्रिया का प्रभाव किसी वस्तु पर पड़ता है?

मारना → किसे मारना? ✓ (सकर्मक)

दौड़ना → प्रभाव किसी वस्तु पर नहीं ✓ (अकर्मक)

तरीका 3: क्या क्रिया बिना कर्म के पूर्ण अर्थ देती है?

राम खाता है। (क्या खाता है?) → सकर्मक

राम सोता है। → पूर्ण अर्थ → अकर्मक

2 क्या मनुष्य की सारी स्वाभाविक क्रियाएँ अकर्मक होती हैं?

उत्तर: नहीं।

स्वाभाविक अकर्मक क्रियाएँ:

सोना, रोना, हँसना, बैठना, उठना, मरना, जीना, आना, जाना

स्वाभाविक लेकिन सकर्मक क्रियाएँ:

खाना (क्या?), पीना (क्या?), देखना (क्या?), सुनना (क्या?), सीखना (क्या?)

3 कुछ क्रियाएँ संदर्भ के अनुसार दोनों हो सकती हैं

खेलना:

वह खेलता है। (अकर्मक)

वह क्रिकेट खेलता है। (सकर्मक)

पढ़ना:

वह पढ़ता है। (संदर्भ अनुसार)

वह किताब पढ़ता है। (सकर्मक)

अंतिम नियम

"क्या/किसे" का उत्तर मिले → सकर्मक

उत्तर न मिले → अकर्मक

संदर्भ पर निर्भर → दोनों संभव

अकर्मक क्रिया के उदाहरण -

सोना, रोना, हँसना, चलना, दौड़ना, बैठना, उठना, गिरना, आना, जाना,

रुकना, उड़ना, तैरना, खिलना, चमकना, मरना, जीना, बहना, बढ़ना, घटना,

रहना, लगना, काँपना, बरसना, गरजना, उगना, डूबना, फैलना, सिकुड़ना,

थकना, डरना, जागना, मुस्कुराना, लड़ना, जीतना, हारना, चढ़ना, उतरना,

जलना, पिघलना, सूखना, खिलखिलाना, बहकना, लुढ़कना, ठहरना, जमना,

फैलना, काँपना, चमकना, जीना।

निष्कर्ष:

"क्या?" या "किसे?" का उत्तर मिले → सकर्मक

उत्तर न मिले → अकर्मक

प्रतियोगी परीक्षा आधारित Objective प्रश्न

प्रश्न 1. 'राम स्कूल जाता है।' यह किस काल का उदाहरण है? परीक्षा: CTET 2019 (1) वर्तमान काल (2) भूतकाल (3) भविष्यकाल (4) अपूर्ण भूतकाल

प्रश्न 2. 'सीता खाना बना रही है।' यह किस काल का उदाहरण है? परीक्षा: REET 2021 (1) वर्तमान काल (2) पूर्ण भूतकाल (3) भविष्यकाल (4) सामान्य भूतकाल

प्रश्न 3. 'वे कल बाजार गए।' यह किस काल का उदाहरण है? परीक्षा: UPTET 2020 (1) वर्तमान काल (2) सामान्य भूतकाल (3) भविष्यकाल (4) संदिग्ध भूतकाल

प्रश्न 4. 'मोहन पढ़ रहा था।' यह किस काल का उदाहरण है? परीक्षा: CTET 2022 (1) अपूर्ण भूतकाल (2) वर्तमान काल (3) भविष्यकाल (4) पूर्ण भूतकाल

प्रश्न 5. 'सीता पत्र लिख चुकी थी।' यह किस काल का उदाहरण है? परीक्षा: NET 2017 (1) पूर्ण भूतकाल (2) वर्तमान काल (3) भविष्यकाल (4) अपूर्ण भूतकाल

प्रश्न 6. 'राम कल आएगा।' यह किस काल का उदाहरण है? परीक्षा: DSSSB TGT 2019 (1) वर्तमान काल (2) भूतकाल (3) भविष्यकाल (4) पूर्ण भूतकाल

प्रश्न 7. 'बच्चे खेलेंगे।' यह किस काल का उदाहरण है? परीक्षा: REET 2018 (1) भविष्यकाल (2) वर्तमान काल (3) सामान्य भूतकाल (4) अपूर्ण भूतकाल

प्रश्न 8. 'मैं पुस्तक पढ़ता हूँ।' यह किस काल का उदाहरण है? परीक्षा: CTET 2021 (1) वर्तमान काल (2) भूतकाल (3) भविष्यकाल (4) पूर्ण भूतकाल

प्रश्न 9. 'राम ने काम पूरा कर लिया था।' यह किस काल का उदाहरण है? परीक्षा: 2nd Grade 2016 (1) पूर्ण भूतकाल (2) वर्तमान काल (3) भविष्यकाल (4) अपूर्ण भूतकाल

प्रश्न 10. 'वह पढ़ेगा।' यह किस काल का उदाहरण है? परीक्षा: KVS PGT 2021 (1) भविष्यकाल (2) वर्तमान काल (3) भूतकाल (4) पूर्ण भूतकाल

प्रश्न 11. 'यदि तुम पढ़ते तो पास हो जाते।' यह किस काल का उदाहरण है? परीक्षा: NET 2018 (1) हेतु-हेतुमद् भूतकाल (2) सामान्य भूतकाल (3) भविष्यकाल (4) वर्तमान काल

प्रश्न 12. 'यदि वह आता तो मैं मिलता।' यह किस काल का उदाहरण है? परीक्षा: TGT 2020 (1) हेतु-हेतुमद् भूतकाल (2) वर्तमान काल (3) पूर्ण भूतकाल (4) भविष्यकाल

प्रश्न 13. 'लड़के मैदान में खेलते हैं।' यह किस काल का उदाहरण है? परीक्षा: CTET 2020 (1) वर्तमान काल (2) भूतकाल (3) भविष्यकाल (4) अपूर्ण भूतकाल

प्रश्न 14. 'हमने पुस्तक पढ़ी।' यह किस काल का उदाहरण है? परीक्षा: SET 2019 (1) सामान्य भूतकाल (2) वर्तमान काल (3) भविष्यकाल (4) पूर्ण भूतकाल

प्रश्न 15. 'वह कल दिल्ली जाएगा।' यह किस काल का उदाहरण है? परीक्षा: REET 2022 (1) भविष्यकाल (2) वर्तमान काल (3) भूतकाल (4) अपूर्ण भूतकाल

उत्तरमाला: 1-(1), 2-(1), 3-(2), 4-(1), 5-(1), 6-(3), 7-(1), 8-(1), 9-(1), 10-(1), 11-(1), 12-(1), 13-(1), 14-(1), 15-(1)

● महत्वपूर्ण परीक्षा संकेत

"रहा है" → अपूर्ण वर्तमान

"रहा था" → अपूर्ण भूत

"चुका है" → पूर्ण वर्तमान

"चुका था" → पूर्ण भूत

"जाएगा" → भविष्य

"यदि...तो..." → हेतु-हेतुमद् भूतकाल

1. 'राम खाना खाता है' वाक्य में 'खाता है' कौन-सी क्रिया है – परीक्षा: RPSC Sub Inspector, वर्ष: 2021

A) सकर्मक क्रिया B) अकर्मक क्रिया C) सहायक क्रिया D) प्रेरणार्थक क्रिया

2. 'बच्चा रो रहा है' वाक्य में 'रो रहा है' कौन-सी क्रिया है – परीक्षा: REET, वर्ष: 2022

A) अकर्मक क्रिया B) सकर्मक क्रिया C) प्रेरणार्थक क्रिया D) संयुक्त क्रिया

3. 'राम ने पत्र लिखा' वाक्य में 'लिखा' कौन-सी क्रिया है – परीक्षा: CTET, वर्ष: 2021

A) सकर्मक क्रिया B) अकर्मक क्रिया C) सहायक क्रिया D) पूर्वकालिक क्रिया

4. 'सीता ने बच्चे को पढ़ाया' वाक्य में 'पढ़ाया' कौन-सी क्रिया है – परीक्षा: UGC NET, वर्ष: 2019

A) प्रेरणार्थक क्रिया B) अकर्मक क्रिया C) सहायक क्रिया D) सामान्य क्रिया

5. 'वह सो गया' वाक्य में 'सो गया' कौन-सी क्रिया है – परीक्षा: SET, वर्ष: 2018

A) अकर्मक क्रिया B) सकर्मक क्रिया C) प्रेरणार्थक क्रिया D) सहायक क्रिया

6. 'राम ने मोहन को बुलाया' वाक्य में 'बुलाया' कौन-सी क्रिया है – परीक्षा: PGT, वर्ष: 2020

A) सकर्मक क्रिया B) अकर्मक क्रिया C) सहायक क्रिया D) पूर्वकालिक क्रिया

7. 'लड़का दौड़ रहा है' वाक्य में 'दौड़ रहा है' कौन-सी क्रिया है – परीक्षा: RPSC Second Grade, वर्ष: 2017

A) अकर्मक क्रिया B) सकर्मक क्रिया C) प्रेरणार्थक क्रिया D) सहायक क्रिया

8. 'राम ने मोहन से काम करवाया' वाक्य में 'करवाया' कौन-सी क्रिया है – परीक्षा: CUET, वर्ष: 2023

A) प्रेरणार्थक क्रिया B) अकर्मक क्रिया C) सकर्मक क्रिया D) सहायक क्रिया

9. 'मैंने भोजन कर लिया' वाक्य में 'कर लिया' कौन-सी क्रिया है – परीक्षा: UGC NET, वर्ष: 2020

A) संयुक्त क्रिया B) अकर्मक क्रिया C) प्रेरणार्थक क्रिया D) सहायक क्रिया

10. 'वह पढ़ रहा है' वाक्य में 'है' क्या है – परीक्षा: REET, वर्ष: 2021

A) सहायक क्रिया B) सकर्मक क्रिया C) अकर्मक क्रिया D) प्रेरणार्थक क्रिया

11. 'खाकर वह सो गया' में 'खाकर' कौन-सी क्रिया है – परीक्षा: CTET, वर्ष: 2022

A) पूर्वकालिक क्रिया B) सहायक क्रिया C) सकर्मक क्रिया D) अकर्मक क्रिया

12. 'राम ने पुस्तक पढ़ी' वाक्य में 'पढ़ी' कौन-सी क्रिया है – परीक्षा: SET, वर्ष: 2019

A) सकर्मक क्रिया B) अकर्मक क्रिया C) प्रेरणार्थक क्रिया D) सहायक क्रिया

13. 'मोहन हँस रहा है' वाक्य में 'हँस रहा है' कौन-सी क्रिया है – परीक्षा: PGT, वर्ष: 2021

A) अकर्मक क्रिया B) सकर्मक क्रिया C) प्रेरणार्थक क्रिया D) सहायक क्रिया

14. 'राम ने बच्चे को सुलाया' वाक्य में 'सुलाया' कौन-सी क्रिया है – परीक्षा: RPSC Sub Inspector, वर्ष: 2018

A) प्रेरणार्थक क्रिया B) अकर्मक क्रिया C) सहायक क्रिया D) संयुक्त क्रिया

15. 'वह घर गया' वाक्य में 'गया' कौन-सी क्रिया है – परीक्षा: REET, वर्ष: 2020

A) अकर्मक क्रिया B) सकर्मक क्रिया C) प्रेरणार्थक क्रिया D) सहायक क्रिया

16. 'राम ने पानी पिया' वाक्य में 'पिया' कौन-सी क्रिया है – परीक्षा: UGC NET, वर्ष: 2017

A) सकर्मक क्रिया B) अकर्मक क्रिया C) प्रेरणार्थक क्रिया D) सहायक क्रिया

17. 'बच्चे खेल रहे हैं' वाक्य में 'खेल रहे हैं' कौन-सी क्रिया है – परीक्षा: CUET, वर्ष: 2022

A) अकर्मक क्रिया B) सकर्मक क्रिया C) प्रेरणार्थक क्रिया D) सहायक क्रिया

18. 'राम ने मोहन को लिखवाया' वाक्य में 'लिखवाया' कौन-सी क्रिया है – परीक्षा: SET, वर्ष: 2020

A) प्रेरणार्थक क्रिया B) अकर्मक क्रिया C) सकर्मक क्रिया D) सहायक क्रिया

19. 'सीता गाना गा रही है' वाक्य में 'गा रही है' कौन-सी क्रिया है – परीक्षा: RPSC Second Grade, वर्ष: 2019

A) सकर्मक क्रिया B) अकर्मक क्रिया C) प्रेरणार्थक क्रिया D) सहायक क्रिया

20. 'मैं पढ़ चुका हूँ' वाक्य में 'चुका हूँ' क्या है – परीक्षा: CTET, वर्ष: 2021

A) सहायक क्रिया B) अकर्मक क्रिया C) प्रेरणार्थक क्रिया D) सकर्मक क्रिया

उत्तरमाला: 1-A,2-A,3-A,4-A,5-A,6-A,7-A,8-A,9-A,10-A,11-A,12-A,13-A,14-A,15-A,16-A,17-A,18-A,19-A,20-A

5 क्रियाविशेषण (Adverb) -परिभाषा, प्रकार एवं उदाहरण

क्रियाविशेषण (Adverb)

हिंदी व्याकरण में क्रियाविशेषण वह शब्द होता है जो किसी क्रिया, विशेषण या दूसरे क्रियाविशेषण की विशेषता बताता है।सरल शब्दों में कहा जाए तो जिस शब्द से यह पता चलता है कि कार्य कैसे हो रहा है, कब हो रहा है, कहाँ हो रहा हैया कितनी मात्रा में हो रहा है, उसे क्रियाविशेषण कहते हैं। उदाहरण के लिए– राम तेज दौड़ता है, वह आज आएगा,बच्चे बाहर खेल रहे हैं, वह बहुत धीरे बोलता है। इन वाक्यों में तेज, आज, बाहर, बहुत, धीरे शब्द क्रियाविशेषण हैं,क्योंकि ये क्रिया के होने के ढंग, समय, स्थान या मात्रा के बारे में अतिरिक्त जानकारी दे रहे हैं। इस प्रकार क्रियाविशेषण वाक्य के अर्थ को अधिक स्पष्ट, सजीव और प्रभावशाली बनाता है।

यदि हम वाक्य में से क्रियाविशेषण को हटा दें तो वाक्य का अर्थ अधूरा या कम स्पष्ट रह जाता है।
उदाहरण के लिए– 'लड़का दौड़ता है' यह वाक्य केवल क्रिया का बोध कराता है, लेकिन जब हम कहते हैं–'लड़का तेज दौड़ता है' तो हमें यह भी पता चल जाता है कि दौड़ने की

गति कैसी है।

इसी प्रकार– 'वह बोलता है' की अपेक्षा 'वह धीरे बोलता है' अधिक स्पष्ट अर्थ देता है।

इस प्रकार क्रियाविशेषण भाषा को अधिक सजीव और रोचक बनाता है तथा वाक्य के अर्थ को विस्तार देता है।

संस्कृत व्याकरण में क्रियाविशेषण को सामान्यतः अव्यय शब्दों के अंतर्गत माना गया है।

महान व्याकरणाचार्य पाणिनि ने अव्यय शब्दों के संदर्भ में यह संकेत किया है कि ऐसे शब्द

जो रूप परिवर्तन नहीं करते और वाक्य में क्रिया के अर्थ को स्पष्ट करते हैं, वे अव्यय के रूप में प्रयुक्त होते हैं।

इसलिए कई विद्वान क्रियाविशेषण को अव्यय शब्दों का ही एक रूप मानते हैं।

संस्कृत के अन्य आचार्यों ने भी यह माना है कि ऐसे शब्द जो क्रिया के देश (स्थान), काल (समय),

प्रकार (ढंग) या मात्रा का बोध कराते हैं, वे क्रियाविशेषण के रूप में कार्य करते हैं। उदाहरण के लिए–

अत्र (यहाँ), तत्र (वहाँ), शीघ्रम् (शीघ्र), अद्य (आज) आदि शब्द क्रिया के साथ मिलकर उसके अर्थ को स्पष्ट करते हैं।

इस प्रकार हिंदी और संस्कृत दोनों व्याकरण परंपराओं में क्रियाविशेषण को वाक्य का महत्वपूर्ण अंग माना गया है।

परिभाषा (हिंदी में):

जो शब्द क्रिया, विशेषण या दूसरे क्रियाविशेषण की विशेषता बताता है, उसे क्रियाविशेषण कहते हैं।

Definition (In English):

An adverb is a word that modifies a verb, an adjective, or another adverb.

1 कालवाचक क्रियाविशेषण (Adverb of Time)-

हिंदी व्याकरण में कालवाचक क्रियाविशेषण वह शब्द होता है जो यह बताता है कि कोई कार्य कब हुआ, कब हो रहा है या कब होगा।सरल शब्दों में कहा जाए तो जो शब्द क्रिया के समय (काल) का बोध कराते हैं, उन्हें कालवाचक क्रियाविशेषण कहा जाता है।

उदाहरण के लिए– आज, कल, अभी, पहले, बाद में, हमेशा, अक्सर, कभी, तुरंत आदि।

जैसे– राम आज विद्यालय जाएगा, वह अभी पढ़ रहा है, सीमा कल आएगी।

इन वाक्यों में आज, अभी और कल शब्द क्रिया के समय का संकेत दे रहे हैं, इसलिए ये कालवाचक क्रियाविशेषण कहलाते हैं।

कालवाचक क्रियाविशेषण का प्रयोग भाषा को अधिक स्पष्ट और अर्थपूर्ण बनाता है,

क्योंकि इससे यह पता चलता है कि कार्य किस समय हुआ है।

उदाहरण के लिए– राम पढ़ता है यह वाक्य केवल क्रिया का बोध कराता है,

लेकिन जब हम कहते हैं– राम आज पढ़ता है या राम रोज पढ़ता है तो वाक्य का अर्थ अधिक स्पष्ट हो जाता है।इसी प्रकार– वह जल्दी आएगा, मैं अभी जाता हूँ, वह हमेशा सत्य बोलता है।

इन वाक्यों में जल्दी, अभी और हमेशा शब्द यह बताते हैं कि कार्य किस समय या कितनी बार हो रहा है।

इस प्रकार कालवाचक क्रियाविशेषण वाक्य में क्रिया के समय को स्पष्ट करता है और भाषा को अधिक सजीव, स्पष्ट और प्रभावशाली बनाता है।

परिभाषा -जो क्रिया के होने समय का बोध कराए।

या

जो क्रियाविशेषण क्रिया के होने के समय (कब) का बोध कराए, उसे कालवाचक क्रियाविशेषण कहते हैं। अर्थात् जिस शब्द से यह पता चले कि कार्य कब हुआ, कब हो रहा है या कब होगा, वह कालवाचक क्रियाविशेषण होता है।

Definition (English):

An adverb that tells us when something

happens.

उत्तर देता है: When? / कब?

क्रिया शब्द के साथ 'कब ' जोड़ने पर जो उत्तर प्राप्त होगा वह शब्द कालवाचक क्रिया विशेषण होगा

उदाहरण:

वह आज आएगा।

मैं कल गया था।

वह अभी पढ़ रहा है।

She came yesterday. He will go tomorrow.

I will call you soon. She arrived late.

He left early. They met recently.

We lived here formerly. .

राम आज स्कूल गया। वह कल दिल्ली जाएगा।

मैं अभी पढ़ रहा हूँ। वह हमेशा सच बोलता है।

हम अक्सर वहाँ जाते हैं।

सामान्य कालवाचक क्रियाविशेषण शब्द: आज, कल, अभी, तब, पहले, बाद में, हमेशा, अक्सर, तुरंत।

संक्षेप: कालवाचक क्रियाविशेषण क्रिया के समय का बोध कराता है। उदाहरण: आज, कल, अभी।

2 स्थानवाचक क्रियाविशेषण (Adverb of Place)-

हिंदी व्याकरण में स्थानवाचक क्रियाविशेषण वह शब्द होता है जो यह बताता है कि कोई कार्य कहाँ हो रहा है या कहाँ हुआ है।

दूसरे शब्दों में, जो शब्द क्रिया के स्थान (जगह) का बोध कराते हैं, उन्हें स्थानवाचक क्रियाविशेषण कहा जाता है।

उदाहरण के लिए– यहाँ, वहाँ, बाहर, अंदर, आगे, पीछे, ऊपर, नीचे, पास, दूर आदि।

जैसे– बच्चे बाहर खेल रहे हैं, राम यहाँ बैठा है, पक्षी ऊपर उड़ रहे हैं।इन वाक्यों में बाहर, यहाँ और ऊपर शब्द यह बता रहे हैं कि क्रिया किस स्थान पर हो रही है,

इसलिए ये स्थानवाचक क्रियाविशेषण कहलाते हैं।

स्थानवाचक क्रियाविशेषण वाक्य के अर्थ को अधिक स्पष्ट और रोचक बनाता है,क्योंकि इससे यह पता चलता है कि कार्य किस स्थान पर हो रहा है।

उदाहरण के लिए– बच्चे खेल रहे हैं यह वाक्य केवल क्रिया का बोध कराता है,

लेकिन जब हम कहते हैं– बच्चे मैदान में खेल रहे हैं या बच्चे बाहर खेल रहे हैं

तो हमें यह भी समझ में आ जाता है कि खेल कहाँ हो रहा है।

इसी प्रकार– राम आगे चलता है, वह अंदर बैठा है, पक्षी

दूर उड़ रहे हैं।

इन वाक्यों में आगे, अंदर और दूर शब्द क्रिया के स्थान को स्पष्ट कर रहे हैं।इस प्रकार स्थानवाचक क्रियाविशेषण भाषा को अधिक स्पष्ट, सजीव और प्रभावशाली बनाते हैं तथा वाक्य में क्रिया के स्थान को बताने का महत्वपूर्ण कार्य करते हैं।

परिभाषा (Hindi):

जो स्थान का बोध कराए।

या

जो क्रियाविशेषण क्रिया के होने के स्थान (कहाँ) का बोध कराए, उसे स्थानवाचक क्रियाविशेषण कहते हैं। सरल अर्थ: जिस शब्द से यह पता चले कि कार्य कहाँ हो रहा है या कहाँ हुआ, वह स्थानवाचक क्रियाविशेषण होता है।

Definition (English):

An adverb that tells us where something happens.

उत्तर देता है: Where? / कहाँ?

वाक्य में क्रिया शब्द के साथ 'कहाँ' जोड़ने पर जो उत्तर प्राप्त होगा वह शब्द स्थानवाचक क्रिया विशेषण होगा

उदाहरण:

वह यहाँ रहता है।

बच्चे बाहर खेल रहे हैं।

वह ऊपर गया।

She lives here. He went there.

Come inside. Look outside.

The bird flew away. He stood nearby.

She looked around.

राम यहाँ बैठा है। वह वहाँ गया।

बच्चे बाहर खेल रहे हैं। पक्षी ऊपर उड़ रहे हैं।

कुत्ता नीचे बैठा है।

सामान्य स्थानवाचक क्रियाविशेषण शब्द: यहाँ, वहाँ, जहाँ, बाहर, अंदर, ऊपर, नीचे, आगे, पीछे, पास, दूर।

संक्षेप: स्थानवाचक क्रियाविशेषण क्रिया के स्थान का बोध कराता है। उदाहरण: यहाँ, वहाँ, बाहर।

3 परिमाणवाचक क्रियाविशेषण (Adverb of Degree / Quantity)

हिंदी व्याकरण में परिमाणवाचक क्रियाविशेषण ऐसे शब्द होते हैं जो यह बताते हैं कि किसी क्रिया की मात्रा या सीमा कितनी है।दूसरे शब्दों में, जब कोई शब्द यह स्पष्ट करता है कि कोई कार्य कितना, किस सीमा तक या कितनी तीव्रता से हो रहा है,तो वह परिमाणवाचक

क्रियाविशेषण कहलाता है। जैसे– बहुत, अधिक, कम, थोड़ा, अत्यन्त, काफी, बिलकुल आदि।
उदाहरण के लिए– राम बहुत तेज दौड़ता है, वह थोड़ा बोलता है, बच्चे बहुत हँस रहे हैं।इन वाक्यों में बहुत और थोड़ा शब्द यह बता रहे हैं कि क्रिया की मात्रा कितनी है, इसलिए ये परिमाणवाचक क्रियाविशेषण हैं।

परिमाणवाचक क्रियाविशेषण भाषा को अधिक सजीव और प्रभावशाली बनाते हैं,क्योंकि इनके माध्यम से हमें क्रिया की मात्रा या तीव्रता का स्पष्ट ज्ञान हो जाता है।
उदाहरण के लिए– वह बोलता है यह वाक्य सामान्य जानकारी देता है,लेकिन जब हम कहते हैं– वह बहुत बोलता है या वह थोड़ा बोलता हैतो वाक्य का अर्थ अधिक स्पष्ट हो जाता है।इसी प्रकार– वह बहुत जल्दी दौड़ता है, राम कम पढ़ता है, वह अत्यन्त प्रसन्न हुआ।
इन वाक्यों में बहुत, कम और अत्यन्त शब्द क्रिया या विशेषण की मात्रा को स्पष्ट कर रहे हैं।

इस प्रकार कहा जा सकता है कि परिमाणवाचक क्रियाविशेषण वाक्य में क्रिया की मात्रा, सीमा या तीव्रता को प्रकट करते हैं।इनके प्रयोग से भाषा अधिक स्पष्ट, प्रभावपूर्ण और अभिव्यक्तिपूर्ण बन जाती है।

इसलिए हिंदी व्याकरण में परिमाणवाचक क्रियाविशेषण का विशेष महत्व माना जाता है।

जो क्रिया या विशेषण की मात्रा या तीव्रता बताए

या

जो क्रियाविशेषण क्रिया की मात्रा, परिमाण या सीमा का बोध कराए, उसे परिमाणवाचक क्रियाविशेषण कहते हैं।

सरल अर्थ: जिस शब्द से यह पता चले कि कार्य कितना या किस मात्रा में किया गया, वह परिमाणवाचक क्रियाविशेषण होता है।

Definition (English):

An adverb that tells us how much or to what extent.

उत्तर देता है: How much? / कितना?

वाक्य में क्रिया शब्द के साथ 'कितना /कितनी /कितने ' जोड़ने पर जो उत्तर प्राप्त होगा वह शब्द प्राप्त होता है वह परिणामवाचक वाचक क्रिया विशेषण होगा

उदाहरण:

वह बहुत तेज़ दौड़ता है। मैं थोड़ा थक गया हूँ।

She is very happy. He is too weak.

I am almost ready. She is quite intelligent.

He is completely wrong.The water is nearly full.

She is extremely tired.   I am fully prepared.

राम बहुत पढ़ता है।   वह कम बोलता है।

सीता अधिक काम करती है।   बच्चा थोड़ा हँसता है।

वह इतना दौड़ा कि थक गया।

सामान्य परिमाणवाचक क्रियाविशेषण शब्द: बहुत, कम, अधिक, थोड़ा, इतना, उतना, काफी।

संक्षेप: परिमाणवाचक क्रियाविशेषण क्रिया की मात्रा का बोध कराता है। उदाहरण: बहुत, कम।

4 रीतिवाचक क्रियाविशेषण (Adverb of Manner)

जब हम किसी वाक्य में यह जानना चाहते हैं कि कोई कार्य किस प्रकार या किस ढंग से किया जा रहा है, तब जो शब्द उस ढंग या रीति को स्पष्ट करते हैं, उन्हें रीतिवाचक क्रियाविशेषण कहा जाता है।

दूसरे शब्दों में, यह ऐसे शब्द होते हैं जो क्रिया के साथ जुड़कर यह बताते हैं कि कार्य धीरे-धीरे हुआ, तेजी से हुआ, अच्छे ढंग से हुआ या किसी विशेष तरीके से किया गया।इस प्रकार रीतिवाचक क्रियाविशेषण क्रिया के तरीके या शैली को स्पष्ट करते हैं।

उदाहरण के लिए– राम धीरे चलता है, वह ध्यान से पढ़ता है, बच्चे खुशी-खुशी गा रहे हैं,

सैनिक बहादुरी से लड़े। इन वाक्यों में धीरे, ध्यान से, खुशी-खुशी और बहादुरी से शब्द यह बता रहे हैं कि क्रिया किस प्रकार या किस भाव से की जा रही है। यदि हम इन शब्दों को हटा दें तो वाक्य का अर्थ तो समझ में आ जाएगा, लेकिन कार्य का तरीका स्पष्ट नहीं होगा। जैसे– राम चलता है और राम धीरे चलता है।इन दोनों वाक्यों में अंतर स्पष्ट है। दूसरे वाक्य में 'धीरे' शब्द चलने की रीति को स्पष्ट कर रहा है।

रीतिवाचक क्रियाविशेषण भाषा को अधिक प्रभावशाली और चित्रात्मक बना देते हैं।इनके कारण वाक्य केवल सूचना देने तक सीमित नहीं रहता, बल्कि उसमें कार्य की शैली, भाव और ढंग भी प्रकट हो जाता है। जैसे– वह बोलता है और वह धीरे-धीरे बोलता है–
दोनों वाक्यों का भाव अलग-अलग अनुभव होता है। इसलिए हिंदी व्याकरण में रीतिवाचक क्रियाविशेषण का विशेष महत्व है, क्योंकि यह क्रिया के तरीके और व्यवहार को स्पष्ट करते हुए भाषा को अधिक जीवंत और अर्थपूर्ण बना देता है।

परिभाषा (Hindi):

जो क्रिया के होने की रीति या तरीका बताए।

या

जो क्रियाविशेषण क्रिया के होने की रीति, ढंग या तरीके का बोध कराए, उसे रीतिवाचक क्रियाविशेषण कहते हैं। सरल अर्थ: जिस शब्द से यह पता चले कि कार्य किस प्रकार या कैसे किया गया, वह रीतिवाचक क्रियाविशेषण होता है।

Definition (English):

An adverb that tells us how something happens.

उत्तर देता है: How? / कैसे?

वाक्य में क्रिया शब्द के साथ 'कैसे ' जोड़ने पर जो उत्तर प्राप्त होगा वह शब्द प्राप्त होता है वह रीतिवाचक वाचक वाचक क्रिया विशेषण होगा

उदाहरण:

वह धीरे चलता है। बच्चा जोर से रोया।

She sings beautifully. He works hard.

The teacher explained clearly.

She spoke politely. He ran quickly.

The boy answered wisely. She smiled sweetly.

He fought bravely.

राम धीरे चलता है। वह जल्दी भागा।

बच्चा अच्छे से पढ़ता है। सैनिक बहादुरी से लड़ा।

वह ध्यानपूर्वक काम करता है।

सामान्य रीतिवाचक क्रियाविशेषण शब्द: धीरे, जल्दी, अच्छे से, बुरी तरह, ध्यानपूर्वक, अचानक, सावधानी से।

संक्षेप: रीतिवाचक क्रियाविशेषण क्रिया के करने के ढंग का बोध कराता है। उदाहरण: धीरे, जल्दी।

सारणी:

कालवाचक → Adverb of Time → When?

स्थानवाचक → Adverb of Place → Where?

परिमाणवाचक → Adverb of Degree → How much?

रीति → Adverb of Manner → How?

1. 'वह जल्दी आया' वाक्य में 'जल्दी' कौन-सा क्रियाविशेषण है – परीक्षा: RPSC Sub Inspector, वर्ष: 2021

A) कालवाचक B) स्थानवाचक C) रीतिवाचक D) परिमाणवाचक

2. 'राम यहाँ रहता है' वाक्य में 'यहाँ' कौन-सा क्रियाविशेषण है – परीक्षा: REET, वर्ष: 2022

A) स्थानवाचक B) कालवाचक C) रीतिवाचक D) परिमाणवाचक

3. 'वह धीरे चलता है' वाक्य में 'धीरे' कौन-सा क्रियाविशेषण है – परीक्षा: CTET, वर्ष: 2021

A) रीतिवाचक B) कालवाचक C) स्थानवाचक D) परिमाणवाचक

4. 'मैं कल दिल्ली जाऊँगा' वाक्य में 'कल' कौन-सा क्रियाविशेषण है – परीक्षा: UGC NET, वर्ष: 2019

A) कालवाचक B) स्थानवाचक C) रीतिवाचक D) परिमाणवाचक

5. 'वह बहुत तेज दौड़ता है' वाक्य में 'बहुत' कौन-सा क्रियाविशेषण है – परीक्षा: SET, वर्ष: 2018

A) परिमाणवाचक B) कालवाचक C) स्थानवाचक D) रीतिवाचक

6. 'वह बाहर खड़ा है' वाक्य में 'बाहर' कौन-सा क्रियाविशेषण है – परीक्षा: PGT, वर्ष: 2020

A) स्थानवाचक B) कालवाचक C) रीतिवाचक D) परिमाणवाचक

7. 'राम प्रतिदिन पढ़ता है' वाक्य में 'प्रतिदिन' कौन-सा क्रियाविशेषण है – परीक्षा: RPSC Second Grade, वर्ष: 2017

A) कालवाचक B) स्थानवाचक C) रीतिवाचक D) परिमाणवाचक

8. 'वह बहुत अच्छा गाता है' वाक्य में 'अच्छा' कौन-सा क्रियाविशेषण है – परीक्षा: CUET, वर्ष: 2023

A) रीतिवाचक B) कालवाचक C) स्थानवाचक D) परिमाणवाचक

9. 'वह ऊपर गया' वाक्य में 'ऊपर' कौन-सा क्रियाविशेषण है – परीक्षा: UGC NET, वर्ष: 2020

A) स्थानवाचक B) कालवाचक C) रीतिवाचक D) परिमाणवाचक

10. 'मैं अभी आ रहा हूँ' वाक्य में 'अभी' कौन-सा क्रियाविशेषण है – परीक्षा: REET, वर्ष: 2021

A) कालवाचक B) स्थानवाचक C) रीतिवाचक D) परिमाणवाचक

11. 'वह धीरे-धीरे चला' वाक्य में 'धीरे-धीरे' कौन-सा क्रियाविशेषण है – परीक्षा: CTET, वर्ष: 2022

A) रीतिवाचक B) कालवाचक C) स्थानवाचक D) परिमाणवाचक

12. 'वह कम बोलता है' वाक्य में 'कम' कौन-सा क्रियाविशेषण है – परीक्षा: SET, वर्ष: 2019

A) परिमाणवाचक B) कालवाचक C) स्थानवाचक D) रीतिवाचक

13. 'राम वहाँ बैठा है' वाक्य में 'वहाँ' कौन-सा क्रियाविशेषण है – परीक्षा: PGT, वर्ष: 2021

A) स्थानवाचक B) कालवाचक C) रीतिवाचक D) परिमाणवाचक

14. 'वह शीघ्र लौटेगा' वाक्य में 'शीघ्र' कौन-सा क्रियाविशेषण है – परीक्षा: RPSC Sub Inspector, वर्ष: 2018

A) कालवाचक B) स्थानवाचक C) रीतिवाचक D) परिमाणवाचक

15. 'राम जोर से बोला' वाक्य में 'जोर से' कौन-सा क्रियाविशेषण है – परीक्षा: REET, वर्ष: 2020

A) रीतिवाचक B) कालवाचक C) स्थानवाचक D) परिमाणवाचक

16. 'वह नीचे गिर गया' वाक्य में 'नीचे' कौन-सा क्रियाविशेषण है – परीक्षा: UGC NET, वर्ष: 2017

A) स्थानवाचक B) कालवाचक C) रीतिवाचक D) परिमाणवाचक

17. 'वह अक्सर यहाँ आता है' वाक्य में 'अक्सर' कौन-सा क्रियाविशेषण है – परीक्षा: CUET, वर्ष: 2022

A) कालवाचक B) स्थानवाचक C) रीतिवाचक D) परिमाणवाचक

18. 'वह खूब हँसा' वाक्य में 'खूब' कौन-सा क्रियाविशेषण है – परीक्षा: SET, वर्ष: 2020

A) परिमाणवाचक B) कालवाचक C) स्थानवाचक D) रीतिवाचक

19. 'वह दूर खड़ा है' वाक्य में 'दूर' कौन-सा क्रियाविशेषण है – परीक्षा: RPSC Second Grade, वर्ष: 2019

A) स्थानवाचक B) कालवाचक C) रीतिवाचक D) परिमाणवाचक

20. 'वह तुरंत भाग गया' वाक्य में 'तुरंत' कौन-सा क्रियाविशेषण है – परीक्षा: CTET, वर्ष: 2021

A) कालवाचक B) स्थानवाचक C) रीतिवाचक D) परिमाणवाचक

उत्तरमाला: 1-A,2-A,3-A,4-A,5-A,6-A,7-A,8-A,9-A,10-A,11-A,12-A,13-A,14-A,15-A,16-A,17-A,18-A,19-A,20-A

6 कारक (Case) -

परिभाषा, विभक्ति चिह्न एवं उदाहरण

अंग्रेज़ी के Preposition और हिंदी के संबंधबोधक (कारक) –

हिंदी और अंग्रेज़ी व्याकरण के अध्ययन में यह प्रश्न अक्सर सामने आता है कि अंग्रेज़ी के Prepositionऔर हिंदी के संबंधबोधक कारक को एक ही माना जाए या अलग-अलग। वास्तव में दोनों का मूल कार्य वाक्य में दो शब्दों के बीच संबंध स्थापित करना होता है। उदाहरण के लिए– Ram is sitting on the chair और राम कुर्सी पर बैठा है। यहाँ अंग्रेज़ी का 'on' और हिंदी का 'पर' दोनों ही स्थान का संबंध बता रहे हैं।इसी कारण सामान्य भाषा-अध्ययन में इन दोनों को कार्य की दृष्टि से समान माना जा सकता है। इसलिए यदि किसी पाठ्यपुस्तक में केवल सरल समझ के लिए पढ़ाया जा रहा हो, तो यह कहा जा सकता है कि अंग्रेज़ी केPreposition का काम हिंदी में संबंधबोधक शब्द करते हैं।लेकिन शुद्ध व्याकरणिक दृष्टि से दोनों को पूरी तरह एक जैसा नहीं माना जाता। अंग्रेज़ी में

Preposition सामान्यतः संज्ञा या सर्वनाम से पहले आता है– जैसे in the room, on the table,with Ram।

जबकि हिंदी में संबंध बताने वाले शब्द प्रायः संज्ञा या सर्वनाम के बाद आते हैं– जैसे कमरे में, मेज़ पर, राम के साथ। इसी कारण अंग्रेज़ी में इन्हें Preposition (पूर्वसर्ग) कहा जाता हैऔर हिंदी में इन्हें अक्सर Postposition (पश्चसर्ग) माना जाता है। साथ ही हिंदी व्याकरण में"कारक" का संबंध केवल इन शब्दों से ही नहीं बल्कि विभक्तियों और वाक्य के संबंधों से भी जुड़ा होता है। इसलिए कारक की संकल्पना Preposition से कुछ अधिक व्यापक मानी जाती है।

इसलिए व्याकरण की पुस्तक में पढ़ाते समय सबसे उचित तरीका यह माना जाता है कि Preposition औरअंग्रेज़ी में संबंध बताने वाले शब्द Prepositionकहलाते हैं, जबकि हिंदी में यही कार्य अधिकतर संबंधबोधक शब्द या पश्चसर्ग करते हैं, जो कारक संबंध को स्पष्ट करते हैं। दोनों का उद्देश्य समान है, लेकिन हिंदी व्याकरण में कारक और संबंधबोधक शब्दों की संरचना अलग ढंग से काम करती है।

कारक की परिभाषा:

संज्ञा या सर्वनाम का वाक्य में क्रिया के साथ जो संबंध होता है, उसे कारक कहते हैं।

विभक्ति चिह्न:

जो शब्द संज्ञा के साथ लगकर उसका कारक संबंध प्रकट

करे, उसे विभक्ति चिह्न कहते हैं।

जैसे - ने, को, से, का, में, पर आदि।

1 कर्ता कारक

विभक्ति चिह्न:-ने

परिभाषा (व्याकरणिक): जिस संज्ञा या सर्वनाम से क्रिया के करने वाले का बोध होता है, उसे कर्ता कारक कहते हैं।

सरल अर्थ: जो व्यक्ति या वस्तु काम करता है, उसे कर्ता कहते हैं।

विभक्ति चिन्ह: कर्ता कारक का सामान्य विभक्ति चिन्ह - "ने" होता है (विशेषकर भूतकाल में)।

उदाहरण:

1. राम ने पुस्तक पढ़ी। (राम काम करने वाला है)
2. सीता ने खाना बनाया। (सीता काम करने वाली है)
3. बच्चे खेल रहे हैं। (बच्चे काम कर रहे हैं)
4. मोहन ने पत्र लिखा। (मोहन क्रिया करने वाला है)

समझने की आसान विधि: वाक्य में प्रश्न करें - 'किसने काम किया?' जिसका उत्तर मिले, वही कर्ता होता है।उदाहरण: राम ने फल खाया। प्रश्न: किसने खाया? उत्तर: राम → इसलिए राम कर्ता कारक है।

संक्षेप: जो काम करता है → कर्ता |

विभक्ति चिन्ह → ने | उदाहरण → राम ने खाना खाया।

2 कर्म कारक

विभक्ति चिह्न: को (कभी-कभी बिना चिह्न)

परिभाषा (व्याकरणिक): जिस संज्ञा या सर्वनाम पर क्रिया का फल या प्रभाव पड़ता है, उसे कर्म कारक कहते हैं।

सरल अर्थ: जिस पर काम किया जाता है, वह कर्म कहलाता है।

विभक्ति चिन्ह: कर्म कारक का सामान्य विभक्ति चिन्ह - "को" होता है।

उदाहरण:

1. राम ने मोहन को बुलाया। (मोहन पर क्रिया का प्रभाव पड़ा)
2. सीता ने किताब को पढ़ा। (किताब पर क्रिया का प्रभाव पड़ा)
3. शिक्षक ने विद्यार्थियों को पढ़ाया। (विद्यार्थियों पर क्रिया का प्रभाव पड़ा)
4. उसने मुझे बुलाया। (मुझे कर्म है)

समझने की आसान विधि: वाक्य में प्रश्न करें - 'किसको?' या 'क्या?' जिसका उत्तर मिले, वही कर्म होता है।उदाहरण: राम ने मोहन को बुलाया। प्रश्न: किसको बुलाया? उत्तर: मोहन को → इसलिए यह कर्म कारक है।संक्षेप: जिस पर क्रिया का प्रभाव पड़े → कर्म | विभक्ति चिन्ह → को |

उदाहरण → राम ने मोहन को बुलाया।

3 करण कारक

विभक्ति चिह्न: से

परिभाषा (व्याकरणिक): जिस संज्ञा या सर्वनाम से क्रिया के साधन या माध्यम का बोध होता है, उसे करण कारक कहते हैं।सरल अर्थ: जिस चीज़ की सहायता से कोई काम किया जाए, उसे करण कारक कहते हैं।विभक्ति चिन्ह: करण कारक का सामान्य विभक्ति चिन्ह - 'से' होता है।

उदाहरण:

1. राम ने चाकू से फल काटा। (चाकू काटने का साधन है)
2. वह कलम से लिखता है। (कलम लिखने का साधन है)
3. सीता ने कैंची से कपड़ा काटा। (कैंची साधन है)
4. उसने डंडे से कुत्ते को भगाया। (डंडा साधन है)

दिए गए वाक्य में देखें कि काम किस साधन से किया गया है। जो शब्द साधन या माध्यम बताता है, वही करण कारक होता है।

उदाहरण: राम ने चाकू से फल काटा। प्रश्न: किससे काटा? उत्तर: चाकू से → इसलिए यह करण कारक है। जिस साधन से काम किया जाए → करण कारक | विभक्ति चिन्ह → से | उदाहरण → राम ने चाकू से फल काटा।

4 संप्रदान कारक

विभक्ति चिह्न: को

परिभाषा (व्याकरणिक): जिस संज्ञा या सर्वनाम के लिए क्रिया की जाती है या जिसे कुछ दिया जाता है, उसे सम्प्रदान कारक कहते हैं।अर्थात् जिस व्यक्ति या वस्तु के लिए कोई कार्य किया जाए या जिसे कुछ दिया जाए, वह सम्प्रदान कारक कहलाता है।विभक्ति चिन्ह: सम्प्रदान कारक के सामान्य विभक्ति चिन्ह - 'को' और 'के लिए' होते हैं।उदाहरण:

1. राम ने मोहन को पुस्तक दी। (मोहन को पुस्तक दी गई है)
2. माँ ने बच्चे के लिए दूध लाया। (दूध बच्चे के लिए लाया गया है)
3. शिक्षक ने विद्यार्थियों को ज्ञान दिया। (ज्ञान विद्यार्थियों को दिया गया है)
4. उसने मुझे कलम दी। (कलम मुझे दी गई है)समझने की आसान विधि: वाक्य में देखें कि काम किसके लिए किया गया है या किसे कुछ दिया गया है।

उदाहरण: राम ने मोहन को पुस्तक दी। प्रश्न: किसे दी? उत्तर: मोहन को → इसलिए यह सम्प्रदान कारक है। जिसके लिए कार्य किया जाए → सम्प्रदान कारक | विभक्ति चिन्ह → को / के लिए | उदाहरण → राम ने

मोहन को पुस्तक दी।

5 अपादान कारक

विभक्ति चिह्न: से

परिभाषा (व्याकरणिक): जिस संज्ञा या सर्वनाम से अलग होने, दूर होने, हटने या निकलने का बोध होता है, उसे अपादान कारक कहते हैं।सरल अर्थ: जहाँ से कोई वस्तु अलग होती है, गिरती है या निकलती है, वह अपादान कारक कहलाता है।विभक्ति चिन्ह: अपादान कारक का सामान्य विभक्ति चिन्ह - 'से' होता है।उदाहरण:

1. पेड़ से पत्ते गिरते हैं। (पत्ते पेड़ से अलग हो रहे हैं)
2. वह गाँव से आया। (वह गाँव से दूर आया है)
3. बच्चा कुर्सी से गिर गया। (बच्चा कुर्सी से अलग हुआ है)
4. गिलास से पानी गिर गया। (पानी गिलास से निकलकर गिरा है)

समझने की आसान विधि: वाक्य में देखें कि किससे अलग होना, दूर होना या निकलना बताया गया है।उदाहरण: पेड़ से पत्ते गिरते हैं। प्रश्न: किससे गिरते हैं? उत्तर: पेड़ से → इसलिए यह अपादान कारक है।संक्षेप: जहाँ से अलग होना या निकलना बताया जाए → अपादान कारक | विभक्ति चिन्ह → से | उदाहरण → पेड़ से पत्ते गिरते हैं।

6 संबंध कारक

विभक्ति चिह्न: का, की, के

परिभाषा (व्याकरणिक): जिस संज्ञा या सर्वनाम से दो संज्ञाओं या सर्वनामों के बीच संबंध का बोध होता है, उसे संबंध कारक कहते हैं।सरल अर्थ: जब एक वस्तु या व्यक्ति का दूसरी वस्तु या व्यक्ति से संबंध बताया जाए, तो वह संबंध कारक कहलाता है।विभक्ति चिन्ह: संबंध कारक के सामान्य विभक्ति चिन्ह - 'का, की, के' होते हैं।उदाहरण:

1. राम का घर बड़ा है। (राम और घर के बीच संबंध है)
2. सीता की पुस्तक नई है। (सीता और पुस्तक का संबंध है)
3. बच्चों के खिलौने टूट गए। (बच्चों और खिलौनों का संबंध है)
4. भारत का इतिहास बहुत पुराना है। (भारत और इतिहास का संबंध है)

समझने की आसान विधि: वाक्य में देखें कि एक वस्तु या व्यक्ति का दूसरी वस्तु या व्यक्ति से संबंध बताया गया है।उदाहरण: राम का घर बड़ा है। प्रश्न: किसका घर? उत्तर: राम का → इसलिए यह संबंध कारक है।संक्षेप: जहाँ दो संज्ञाओं के बीच संबंध बताया जाए → संबंध कारक | विभक्ति चिन्ह → का / की / के | उदाहरण → राम का घर बड़ा है।

7 अधिकरण कारक

विभक्ति चिह्न: में, पर

जिस कारक से यह ज्ञात हो कि क्रिया कहाँ या किस स्थान अथवा आधार पर हो रही है, उसे अधिकरण कारक कहते हैं। अधिकरण कारक में सामान्यतः 'में', 'पर', 'ऊपर', 'अंदर', 'नीचे' आदि परसर्ग लगते हैं।सूत्र: जिसके साथ 'में' या 'पर' आदि शब्द लगते हैं, वह अधिकरण कारक कहलाता है।

उदाहरण (अर्थ सहित)

1. राम स्कूल में पढ़ता है।

यहाँ 'स्कूल में' अधिकरण कारक है। अर्थ: पढ़ने की क्रिया स्कूल के अंदर हो रही है।

2. पुस्तक मेज़ पर रखी है।

यहाँ 'मेज़ पर' अधिकरण कारक है। अर्थ: पुस्तक मेज़ के ऊपर रखी हुई है।

3. पक्षी पेड़ पर बैठा है।

यहाँ 'पेड़ पर' अधिकरण कारक है। अर्थ: पक्षी पेड़ के ऊपर बैठा है।

4. बच्चे मैदान में खेल रहे हैं।

यहाँ 'मैदान में' अधिकरण कारक है। अर्थ: खेलने की क्रिया मैदान में हो रही है।

5. किताब अलमारी में रखी है।

यहाँ 'अलमारी में' अधिकरण कारक है। अर्थ: किताब अलमारी के अंदर रखी है।

संक्षेपअधिकरण कारक क्रिया के स्थान या आधार का बोध कराता है। इसके मुख्य चिह्न 'में' और 'पर' होते हैं।

8 संबोधन कारक

विभक्ति चिह्न: हे, अरे जिस कारक का प्रयोग किसी व्यक्ति, वस्तु या समूह को पुकारने, बुलाने या संबोधित करने के लिए किया जाता है, उसे संबोधन कारक कहते हैं। संबोधन कारक में सामान्यतः 'हे', 'अरे', 'ओ', 'ऐ' आदि शब्दों का प्रयोग होता है।

उदाहरण (अर्थ सहित)

1. हे राम! मेरी सहायता करो।

यहाँ 'हे राम' संबोधन कारक है। अर्थ: राम को पुकारकर सहायता माँगी जा रही है।

2. अरे मित्र! तुम कहाँ जा रहे हो?

यहाँ 'अरे मित्र' संबोधन कारक है। अर्थ: मित्र को बुलाकर उससे प्रश्न किया जा रहा है।

3. ओ बच्चे! इधर आओ।

यहाँ 'ओ बच्चे' संबोधन कारक है। अर्थ: बच्चे को पुकारकर पास आने के लिए कहा जा रहा है।

4. हे भगवान! मेरी रक्षा करो।

यहाँ 'हे भगवान' संबोधन कारक है। अर्थ: भगवान को पुकारकर प्रार्थना की जा रही है।

5. ऐ भाई! मेरी बात सुनो।

यहाँ 'ऐ भाई' संबोधन कारक है। अर्थ: भाई को संबोधित करके उसे बात सुनने के लिए कहा जा रहा है।संक्षेप

संबोधन कारक का प्रयोग किसी व्यक्ति या वस्तु को सीधे पुकारने या संबोधित करने के लिए किया जाता है। इसके प्रमुख संकेत शब्द हैं: हे, अरे, ओ, ऐ।

प्रतियोगी परीक्षा आधारित प्रश्न (Objective Type)

1. "राम ने खाना खाया।" में "राम" कौन-सा कारक है?

उत्तर: कर्ता कारक

2. "वह चाकू से काटता है।" में "से" कौन-सा कारक है?

उत्तर: करण कारक

3. "माँ ने बच्चे को दूध दिया।" में "बच्चे को" कौन-सा कारक है?

उत्तर: संप्रदान कारक

4. "पेड़ से पत्ता गिरा।" में "से" कौन-सा कारक है?

उत्तर: अपादान कारक

5. "राम का घर" में "का" कौन-सा कारक है?

उत्तर: संबंध कारक

6. "किताब मेज़ पर रखी है।" में "पर" कौन-सा कारक है?

उत्तर: अधिकरण कारक

7. "हे राम!" में कौन-सा कारक है?

उत्तर: संबोधन कारक

8. "को" किन कारकों में आता है?

उत्तर: कर्म और संप्रदान

9. "से" किन कारकों में आता है?

उत्तर: करण और अपादान

10. हिंदी में कुल कारक कितने हैं?- आठ

करण एंव अपादान कारक - अंतर सहित व्याख्या

हिंदी व्याकरण में करण कारक और अपादान कारक दोनों में प्रायः 'से' विभक्ति का प्रयोग होता है। इसी कारण विद्यार्थियों को कई बार भ्रम हो जाता है। अंतर समझने के लिए यह देखना आवश्यक है कि 'से' का प्रयोग साधन के अर्थ में है या अलगाव के अर्थ में।

	करण कारक	अपादान कारक
विभक्ति	से ,के द्वारा	से
अर्थ	साधन या माध्यम के लिए	अलग होने के अर्थ में
उदाहरण	मोहन कलम से लिखता है	पेड़ से पत्ते गिरते है

कर्म एवं संप्रदान- अंतर सहित व्याख्या

हिंदी व्याकरण में कर्म कारक और संप्रदान कारक की पहचान करते समय विद्यार्थियों को अक्सर भ्रम होता है, क्योंकि दोनों में प्रायः 'को' विभक्ति (परसर्ग) का प्रयोग होता है। इसलिए केवल विभक्ति को देखकर कारक का निर्धारण करना उचित नहीं होता। सही पहचान के लिए

क्रिया और संज्ञा/सर्वनाम के बीच के अर्थ-संबंध को समझना आवश्यक है।

सबसे पहले यह समझना चाहिए कि कर्म कारक उस संज्ञा या सर्वनाम को कहा जाता है जिस पर क्रिया का सीधा प्रभाव पड़ता है। अर्थात क्रिया जिस वस्तु या व्यक्ति को लक्ष्य बनाकर की जाती है, वही कर्म कहलाता है। इस स्थिति में संज्ञा या सर्वनाम क्रिया का प्रत्यक्ष ग्रहणकर्ता होता है। यहाँ क्रिया की प्रक्रिया उसी पर घटित होती है या उसी को प्रभावित करती है। इसलिए कर्म कारक का संबंध मुख्यतः क्रिया के प्रभाव से होता है।

इसके विपरीत संप्रदान कारक उस संज्ञा या सर्वनाम को कहते हैं जिसके लिए या जिसे कुछ दिया जाए, प्रदान किया जाए या जिसके हित में क्रिया की जाए। इस कारक में संज्ञा या सर्वनाम क्रिया का प्रत्यक्ष प्रभाव ग्रहण नहीं करता, बल्कि वह प्राप्तकर्ता (receiver) या लाभार्थी (beneficiary) के रूप में उपस्थित रहता है। अर्थात क्रिया का उद्देश्य किसी को कुछ देना, पहुँचाना या उसके लिए कार्य करना होता है। इसलिए संप्रदान कारक का संबंध मुख्यतः प्राप्ति या उद्देश्य से होता है।

दोनों कारकों में समान विभक्ति होने के कारण पहचान करने का मुख्य आधार अर्थ का विश्लेषण है। विद्यार्थी को यह देखना चाहिए कि वाक्य में संज्ञा या सर्वनाम का संबंध क्रिया से किस प्रकार स्थापित हो रहा है। यदि वह क्रिया का सीधा लक्ष्य या प्रभाव ग्रहण करने वाला है, तो वह कर्म कारक होगा। यदि वह प्राप्त करने वाला, लाभ पाने वाला या जिसके लिए कार्य किया गया हो, तो वह संप्रदान कारक होगा।

इस प्रकार स्पष्ट होता है कि कर्म कारक और संप्रदान कारक की पहचान केवल विभक्ति से नहीं बल्कि क्रिया के साथ स्थापित अर्थगत संबंध से की जाती है। इसलिए विद्यार्थियों को वाक्य का अर्थ समझकर यह निर्धारित करना चाहिए कि संज्ञा क्रिया का प्रभाव ग्रहण कर रही है या प्राप्तकर्ता/लाभार्थी के रूप में उपस्थित है। यही दोनों कारकों के बीच अंतर पहचानने का सबसे सही और प्रभावी तरीका है।

	कर्म कारक	संप्रदान कारक
विभक्ति	को	को,के लिए

अर्थ	क्रिया का प्रभाव जिस पर पड़े	जिसे कुछ दिया जाए
उदाहरण	उसने राम को बुलाया	उसने मोहन को पुस्तक दी

मूल्य, तुलना और दूरी बताने में प्रयुक्त कारक

1 मूल्य बताने / पूछने में प्रयुक्त कारक

उत्तर: सामान्यतः करण कारक

व्याख्या:

जब किसी वस्तु का मूल्य या माप बताया जाता है, तो रुपये या धनराशि साधन के रूप में प्रयुक्त होती है। इसलिए इसे करण कारक माना जाता है।

उदाहरण:

यह किताब 200 रुपये में मिली।

यह घर 5 लाख रुपये में बिका।

उसने 100 रुपये से फल खरीदे।

यह वस्तु कितने रुपये में है?

2 तुलना (Comparison) में प्रयुक्त कारक

उत्तर: अपादान कारक

व्याख्या:

तुलना करते समय "से" का प्रयोग होता है, जो अलगाव या

भिन्नता का भाव प्रकट करता है। इसलिए इसे अपादान कारक कहा जाता है।

उदाहरण:

राम मोहन से बड़ा है।

यह किताब उस किताब से अच्छी है।

सोना चाँदी से महँगा है।

वह मुझसे तेज़ दौड़ता है।

3 दूरी बताने में प्रयुक्त कारक

उत्तर: अपादान कारक

व्याख्या:

जब दूरी किसी स्थान से मापी जाती है, तो "से" अलगाव का भाव देता है। इसलिए यह अपादान कारक होता है।

उदाहरण:

दिल्ली यहाँ से 50 किलोमीटर दूर है।

स्कूल घर से दो किलोमीटर दूर है।

स्टेशन यहाँ से पास है।

सारांश

मूल्य → करण कारक

तुलना → अपादान कारक

दूरी → अपादान कारक

हिंदी व्याकरण - कारक (Previous Year Objective Questions)

1. 'राम ने पत्र लिखा' वाक्य में 'राम ने' कौन-सा कारक है – परीक्षा: RPSC Sub Inspector, वर्ष: 2021

A) कर्ता कारक B) कर्म कारक C) करण कारक D) अपादान कारक

2. 'राम ने मोहन को बुलाया' वाक्य में 'मोहन को' कौन-सा कारक है – परीक्षा: REET, वर्ष: 2022

A) कर्म कारक B) कर्ता कारक C) संप्रदान कारक D) अधिकरण कारक

3. 'राम ने चाकू से फल काटा' वाक्य में 'चाकू से' कौन-सा कारक है – परीक्षा: CTET, वर्ष: 2021

A) करण कारक B) कर्म कारक C) कर्ता कारक D) अपादान कारक

4. 'राम ने मोहन को पुस्तक दी' वाक्य में 'मोहन को' कौन-सा कारक है – परीक्षा: UGC NET, वर्ष: 2019

A) संप्रदान कारक B) कर्म कारक C) कर्ता कारक D) अधिकरण कारक

5. 'पेड़ से फल गिरा' वाक्य में 'पेड़ से' कौन-सा कारक है – परीक्षा: SET, वर्ष: 2018

A) अपादान कारक B) करण कारक C) कर्म कारक D) अधिकरण कारक

6. 'राम घर में रहता है' वाक्य में 'घर में' कौन-सा कारक है – परीक्षा: PGT, वर्ष: 2020

A) अधिकरण कारक B) अपादान कारक C) करण कारक D) कर्म कारक

7. 'हे राम! मेरी सहायता करो' वाक्य में 'हे राम' कौन-सा कारक है – परीक्षा: RPSC Second Grade, वर्ष: 2017

A) संबोधन कारक B) कर्म कारक C) करण कारक D) अधिकरण कारक

8. 'सीता ने बच्चे को खिलौना दिया' वाक्य में 'खिलौना' कौन-सा कारक है – परीक्षा: CUET, वर्ष: 2023

A) कर्म कारक B) कर्ता कारक C) करण कारक D) अपादान कारक

9. 'राम ने कलम से पत्र लिखा' वाक्य में 'कलम से' कौन-सा कारक है – परीक्षा: UGC NET, वर्ष: 2020

A) करण कारक B) कर्म कारक C) कर्ता कारक D) संप्रदान कारक

10. 'सीता ने राम को फूल दिया' वाक्य में 'राम को' कौन-सा कारक है – परीक्षा: REET, वर्ष: 2021

A) संप्रदान कारक B) कर्म कारक C) कर्ता कारक D) अधिकरण कारक

11. 'लड़का मैदान में खेल रहा है' वाक्य में 'मैदान में' कौन-सा कारक है – परीक्षा: CTET, वर्ष: 2022

A) अधिकरण कारक B) करण कारक C) कर्म कारक D) अपादान कारक

12. 'राम ने पुस्तक पढ़ी' वाक्य में 'पुस्तक' कौन-सा कारक है – परीक्षा: SET, वर्ष: 2019

A) कर्म कारक B) कर्ता कारक C) करण कारक D) अधिकरण कारक

13. 'गुरु ने शिष्य को शिक्षा दी' वाक्य में 'शिष्य को' कौन-सा कारक है – परीक्षा: PGT, वर्ष: 2021

A) संप्रदान कारक B) कर्म कारक C) कर्ता कारक D) करण कारक

14. 'राम ने डंडे से कुत्ते को मारा' वाक्य में 'डंडे से' कौन-सा कारक है – परीक्षा: RPSC Sub Inspector, वर्ष: 2018

A) करण कारक B) कर्म कारक C) कर्ता कारक D) अपादान कारक

15. 'पेड़ से पत्ते गिरते हैं' वाक्य में 'पेड़ से' कौन-सा कारक है – परीक्षा: REET, वर्ष: 2020

A) अपादान कारक B) करण कारक C) कर्म कारक D) अधिकरण कारक

16. 'राम ने मित्र को पत्र भेजा' वाक्य में 'मित्र को' कौन-सा कारक है – परीक्षा: UGC NET, वर्ष: 2017

A) संप्रदान कारक B) कर्म कारक C) कर्ता कारक D) अधिकरण कारक

17. 'बच्चे स्कूल में पढ़ते हैं' वाक्य में 'स्कूल में' कौन-सा कारक है – परीक्षा: CUET, वर्ष: 2022

A) अधिकरण कारक B) करण कारक C) कर्म कारक D) अपादान कारक

18. 'सीता ने चाकू से सब्जी काटी' वाक्य में 'चाकू से' कौन-सा कारक है – परीक्षा: SET, वर्ष: 2020

A) करण कारक B) कर्म कारक C) कर्ता कारक D) संप्रदान कारक

19. 'राम ने मोहन को बुलाया' वाक्य में 'राम ने' कौन-सा कारक है – परीक्षा: RPSC Second Grade, वर्ष: 2019

A) कर्ता कारक B) कर्म कारक C) करण कारक D) अधिकरण कारक

20. 'हे भगवान! मेरी रक्षा करो' वाक्य में 'हे भगवान' कौन-सा कारक है – परीक्षा: CTET, वर्ष: 2021

A) संबोधन कारक B) कर्म कारक C) करण कारक D) अधिकरण कारक

उत्तरमाला: 1-A,2-A,3-A,4-A,5-A,6-A,7-A,8-A,9-A,10-A,11-A,12-A,13-A,14-A,15-A,16-A,17-A,18-A,19-A,20-A

7 समुच्चयबोधक अव्यय (Conjunction)

हिंदी व्याकरण में समुच्चयबोधक अव्यय वे शब्द होते हैं जो दो शब्दों, वाक्यांशों या वाक्यों को आपस में जोड़ने का कार्य करते हैं।
सरल शब्दों में कहा जाए तो जब हम किसी वाक्य में दो विचारों या दो वाक्यों को एक साथ जोड़ते हैं,
तब जो शब्द उनके बीच संबंध स्थापित करता है, उसे समुच्चयबोधक अव्यय या योजक कहते हैं।
अंग्रेज़ी व्याकरण में इन्हें Conjunction कहा जाता है।
उदाहरण– राम पढ़ता है और सीता लिखती है। यहाँ 'और' शब्द दोनों वाक्यों को जोड़ रहा है।

समुच्चयबोधक अव्यय भाषा को अधिक व्यवस्थित और स्पष्ट बनाते हैं।
इनके माध्यम से अलग-अलग विचारों को एक ही वाक्य में जोड़ा जा सकता है।
जैसे– राम आया और सीता आई। यहाँ 'और' शब्द दोनों विचारों को जोड़ रहा है।

समुच्चयबोधक अव्यय - वे अव्यय जो दो शब्दों/वाक्यों को जोड़ते हैं। (रूप अपरिवर्तनीय)
समुच्चयबोधक अव्यय की परिभाषा:

जो अव्यय दो शब्दों, पदों या वाक्यों को जोड़ते हैं, उन्हें समुच्चयबोधक अव्यय कहते हैं।

उदाहरण:

राम और श्याम स्कूल गए।

मैं पढ़ूँगा या खेलूँगा।

समुच्चयबोधक अव्यय के भेद

1. समन्वयी योजक

जब दो समान स्तर के शब्दों या वाक्यों को समान रूप से जोड़ा जाता है,तो उन्हें समन्वयी योजक कहते हैं।

उदाहरण– और, तथा, भी, एवं।

उदाहरण वाक्य– राम और श्याम विद्यालय गए।

ऐसे योजकों से सामान्यतः संयुक्त वाक्य (Compound Sentence) बनते हैं।

2. विकल्पसूचक (विभाजक) योजक

जब दो विकल्पों में से किसी एक को चुनने का भाव प्रकट होता है,तो उन्हें विकल्पसूचक या विभाजक योजक कहा जाता है।

उदाहरण– या, अथवा, चाहे।

उदाहरण वाक्य– तुम चाय या कॉफी लोगे?

इन योजकों से भी प्रायः संयुक्त वाक्य बनते हैं।

3. कारणसूचक या आश्रित योजक

जब किसी वाक्य में कारण, परिणाम या शर्त का संबंध व्यक्त होता है,तो उन्हें कारणसूचक या आश्रित योजक कहते हैं।
उदाहरण– क्योंकि, इसलिए, यदि, तो, जब...तब, ताकि।
उदाहरण वाक्य– वह विद्यालय नहीं आया क्योंकि वह बीमार था।
इन योजकों से सामान्यतः मिश्रित वाक्य (Complex Sentence) बनते हैं।

निष्कर्ष

समुच्चयबोधक अव्यय वे शब्द हैं जो वाक्यों या शब्दों को जोड़ते हैं और उनके बीच संबंध स्थापित करते हैं।
इनके मुख्य तीन प्रकार हैं– समन्वयी योजक, विकल्पसूचक योजक और कारणसूचक योजक।
इन तीन योजकों द्वारा तीन वाक्य बनते है
सरल वाक्य - जिसमें एक ही क्रिया या एक ही मुख्य विचार होता है।
संयुक्त वाक्य - जिसमें दो स्वतंत्र वाक्य समन्वयी या विकल्पात्मक योजकों से जुड़े होते हैं।
मिश्रित वाक्य - जिसमें एक मुख्य वाक्य होता है और

दूसरा उस पर आश्रित होता है।

वाक्य के तीन प्रकार (रचना के आधार पर)

1) सरल वाक्य

जिसमें एक कर्ता और एक क्रिया हो।

उदाहरण:

राम स्कूल जाता है।

मैं पुस्तक पढ़ रहा हूँ।

2) संयुक्त वाक्य (Compound Sentence):

जिस वाक्य में दो या अधिक स्वतंत्र उपवाक्य समन्वयी योजक से जुड़े हों, वह संयुक्त वाक्य कहलाता है।

उदाहरण: मैं बीमार था, इसलिए मैं नहीं गया।

दो स्वतंत्र उपवाक्य समन्वयी योजक से जुड़े हों।

योजक: और, लेकिन, परंतु, अथवा, या

उदाहरण:

राम स्कूल गया और श्याम घर पर रहा।

मैं जाऊँगा लेकिन वह नहीं जाएगा।

3) आश्रित वाक्य या

मिश्रित वाक्य (Complex Sentence):

जिस वाक्य में एक मुख्य उपवाक्य और एक या अधिक आश्रित उपवाक्य हों, वह मिश्रित वाक्य कहलाता है।

उदाहरण: मैं नहीं गया क्योंकि मैं बीमार था।

एक मुख्य वाक्य + एक आश्रित उपवाक्य।

योजक: क्योंकि, यदि, तो, जब, तब, जिससे, ताकि

उदाहरण:

मैं घर पर रहा क्योंकि मैं बीमार था।

यदि तुम मेहनत करोगे तो सफल हो जाओगे।

तुलनात्मक सार

सरल - कोई योजक नहीं

संयुक्त - और, लेकिन, या

मिश्रित - क्योंकि, यदि, जब

मिश्रित या आश्रित वाक्य में प्रयुक्त होने वाले योजक	संयुक्त वाक्य में प्रयुक्त होने वाले योजक
जो ,जैसा ,जिसे ,जिसका,जिससे ,ताकि ,जहाँ , जहाँ तक ,जितना ,उतना ,मानो ,कि ,क्योंकि ,चूंकि ,यदि,अगर,तो,यदि–तो,जब,तब,जबकि,ज्यों ही,जैसे ही,जब तक,तब तक,	और ,तथा ,एंव ,साथ ही,न केवल ---बल्कि ,किन्तु,परंतु,लेकिन ,बल्कि,अपितु,वरन ,या ,अथवा,या तो ,मगर ,फिर भी ,इसलिए ,अतः ,इस कारण ,फलस्वरूप

	,अन्यथा ,नहीं तो ,वरना , न ... न ,

विशेष स्पष्टीकरण (किन्तु, परन्तु, लेकिन, बल्कि) + आश्रित उपवाक्य (कि, जो, क्योंकि आदि)

ये शब्द देखने में मिश्रित वाक्य जैसे लगते हैं,

लेकिन ये संयुक्त वाक्य बनाते हैं क्योंकि दोनों भाग स्वतंत्र होते हैं।

उदाहरण:

राम गरीब है, लेकिन ईमानदार है।

दोनों वाक्य स्वतंत्र हैं:

राम गरीब है।

राम ईमानदार है।

इसलिए यह संयुक्त वाक्य है।

संक्षिप्त अंतर:

संयुक्त वाक्य → समान स्तर के उपवाक्य (और, लेकिन, परन्तु आदि)

मिश्रित वाक्य → मुख्य

सरल, संयुक्त और मिश्रित वाक्य

सरल वाक्य   संयुक्त वाक्य   मिश्रित वाक्य

राम स्कूल जाता है।	राम आया और बैठ गया।	मैं नहीं गया क्योंकि मैं बीमार था।
मैं पुस्तक पढ़ रहा हूँ।	मैं गया लेकिन वह नहीं गया।	यदि तुम पढ़ोगे तो पास हो जाओगे।
वह तेज दौड़ता है।	वह पढ़ता है और लिखता है।	वह जल्दी आया ताकि काम पूरा करे।
बच्चे खेल रहे हैं।	तुम चाय लोगे या कॉफी?	जब मैं पहुँचा वह जा चुका था।
सूरज निकल आया।	वह बीमार था इसलिए नहीं आया।	मैं खुश हूँ क्योंकि तुम आए।
माँ खाना बना रही है।	सूरज निकला और अंधेरा छँट गया।	उसने कहा कि वह आएगा।

किसान खेत जोत रहा है।	मैं मेहनत करूँगा और सफल बनूँगा।	जो मेहनत करता है वह सफल होता है।
शिक्षक पढ़ा रहे हैं।	उसने पुकारा लेकिन किसी ने नहीं सुना।	जहाँ चाह है वहाँ राह है।
पक्षी उड़ रहे हैं।	वह गरीब है लेकिन ईमानदार है।	यदि बारिश होगी तो हम नहीं जाएँगे।
बारिश हो रही है।	बारिश हुई और सड़कें भर गईं।	मैं रुका क्योंकि ट्रेन लेट थी।
	मैं थका था फिर भी काम किया।	जब सूरज निकला अंधेरा छँट गया।
	उसने कोशिश की परंतु असफल रहा।	वह मेहनत करता है ताकि सफल हो सके।

तुम जल्दी करो
नहीं तो देर हो
जाएगी।

मैं आया और
उसने स्वागत
किया।

मैं पढ़ूँगा वरना
फेल हो जाऊँगा।

तुम मेहनत करो
और आगे बढ़ो।

वह समझदार है
और मेहनती भी
है।

उसने खाना खाया
और सो गया।

वह हारा लेकिन
निराश नहीं हुआ।

यदि तुम
बुलाओगे तो मैं
आऊँगा।

मैं जानता हूँ कि
वह सच बोल रहा
है।

जब बारिश रुकेगी
हम निकलेंगे।

यदि तुम चाहो
तो मैं मदद करूँ।

वह हँसा मानो
कुछ हुआ ही
नहीं।

जो पढ़ेगा वही
बढ़ेगा।

जब घंटी बजी
बच्चे बाहर आए।

तुम आओ अन्यथा पछताओगे।

जहाँ मेहनत होती है वहाँ सफलता मिलती है।

वह दौड़ा और जीत गया।

वह चला गया जबकि मैं रुका रहा।

उसने पढ़ा और परीक्षा पास की।

मैं जानता हूँ कि तुम सही हो।

मैं जागा और सूरज निकल आया।

जब रात हुई तारे चमकने लगे।

उसने पूछा और मैंने उत्तर दिया।

जो सत्य बोलता है वह सम्मान पाता है।

वह थका था लेकिन रुका नहीं।

मैं समझ गया कि गलती मेरी थी।

मैं पढ़ता हूँ और
सीखता हूँ।

मिश्रित से संयुक्त में परिवर्तन (नियम):

1. क्योंकि, यदि, जब आदि आश्रित योजक हटाएँ।
2. इसलिए, और, अतः जैसे समन्वयी योजक लगाएँ।
3. दोनों भाग स्वतंत्र बनाएं।

उदाहरण:

1) मैं नहीं गया क्योंकि मैं बीमार था।

→ मैं बीमार था, इसलिए मैं नहीं गया।

2) यदि तुम पढ़ोगे तो पास हो जाओगे।

→ तुम पढ़ो और पास हो जाओ।

3) वह जल्दी आया ताकि काम पूरा करे।

→ वह जल्दी आया और काम पूरा किया।

संयुक्त से मिश्रित में परिवर्तन (नियम):

1. और, इसलिए आदि समन्वयी योजक हटाएँ।
2. क्योंकि, यदि, जब, ताकि आदि आश्रित योजक लगाएँ।
3. एक भाग को मुख्य और दूसरे को आश्रित बनाएं।

उदाहरण:

1) मैं बीमार था, इसलिए मैं नहीं गया।

→ मैं नहीं गया क्योंकि मैं बीमार था।

2) वह मेहनत करता है और सफल होता है।

→ वह सफल होता है क्योंकि वह मेहनत करता है।

3) वह आया और बैठ गया।

→ जब वह आया तब बैठ गया।

त्वरित पहचान सूत्र:

क्योंकि / यदि / जब / जो / कि → मिश्रित

और / लेकिन / इसलिए / अथवा → संयुक्त

8 विस्मयादिबोधक अव्यय

परिभाषा:

जो अव्यय (अपरिवर्तनीय शब्द) अचानक मन में उत्पन्न भाव – जैसे आश्चर्य, हर्ष, शोक, घृणा, पीड़ा, क्रोध आदि – को प्रकट करें, उन्हें विस्मादिबोधक अव्यय कहते हैं। इनके बाद प्रायः (!) विस्मयादिबोधक चिह्न लगाया जाता है।

प्रकार एवं उदाहरण:

1. हर्ष सूचक:

वाह! तुमने बहुत अच्छा काम किया।

अहा! कितना सुंदर दृश्य है।

शाबाश! तुमने परीक्षा में प्रथम स्थान पाया।

2. शोक सूचक:

हाय! मेरा मोबाइल टूट गया।

अरे रे! यह क्या हो गया।

ओह! मुझे बहुत अफसोस है।

3. आश्चर्य सूचक:

अरे! तुम यहाँ कैसे?

अरे वाह! यह तो कमाल है।

क्या! तुम सच कह रहे हो?

4. घृणा सूचक:

छिः! यह कितनी गंदी जगह है।

धिक्! तुम्हें ऐसा नहीं करना चाहिए।

5. पीड़ा सूचक:

आह! मेरे पैर में चोट लग गई।

उफ! कितना दर्द हो रहा है।

6. क्रोध या चेतावनी सूचक:

चुप! ज़्यादा मत बोलो।

हटो! रास्ते से हट जाओ।

मुख्य विशेषताएँ:

1. ये अव्यय होते हैं, अर्थात इनका रूप नहीं बदलता।
2. ये वाक्य से अलग होकर भी प्रयुक्त हो सकते हैं।
3. इनके बाद सामान्यतः (!) लगाया जाता है।
4. ये सीधे मन के भाव प्रकट करते हैं।

परिभाषा:

वाक्य में प्रयुक्त किसी शब्द (पद) के भेद, लिंग, वचन, पुरुष, कारक, काल आदि की व्याकरणिक जानकारी बताना पद-परिचय कहलाता है। दूसरे शब्दों में, जब हम वाक्य में आए किसी शब्द के बारे में यह बताते हैं कि वह संज्ञा है या सर्वनाम, विशेषण है या क्रिया, उसका लिंग-वचन क्या है और वह वाक्य में किस रूप में प्रयोग हुआ है, तो उस शब्द का पद-परिचय किया जाता है।

सरल व्याख्या:

भाषा में जब हम कोई वाक्य बोलते या लिखते हैं, तो वह कई शब्दों से मिलकर बनता है। प्रत्येक शब्द का वाक्य में कोई न कोई कार्य होता है। जैसे कोई शब्द किसी व्यक्ति या वस्तु का नाम बताता है, कोई उसकी विशेषता बताता है, कोई क्रिया को प्रकट करता है और कोई शब्दों को आपस में जोड़ने का काम करता है। इसलिए किसी वाक्य को अच्छी तरह समझने के लिए यह जानना आवश्यक होता है कि उसमें प्रयुक्त प्रत्येक शब्द किस प्रकार का है और उसका क्या कार्य है।

इसी कारण हिंदी व्याकरण में पद-परिचय का अध्ययन किया जाता है। पद-परिचय करने से हमें यह स्पष्ट रूप से

पता चल जाता है कि वाक्य में प्रयुक्त शब्द का व्याकरणिक रूप क्या है और वह वाक्य में किस प्रकार प्रयुक्त हुआ है। इससे भाषा को सही ढंग से समझने, लिखने और विश्लेषण करने में बहुत सहायता मिलती है। प्रतियोगी परीक्षाओं और विद्यालयी अध्ययन में भी पद-परिचय का विशेष महत्व है, क्योंकि इससे भाषा की संरचना को समझना सरल हो जाता है।

उदाहरण:

राम विद्यालय जाता है।

राम - व्यक्तिवाचक संज्ञा, पुल्लिंग, एकवचन, कर्ता कारक।

विद्यालय - जातिवाचक संज्ञा, पुल्लिंग, एकवचन।

जाता है - क्रिया, वर्तमान काल

पद-परिचय के प्रकार:

पद-परिचय सामान्यतः आठ प्रकार का माना जाता है–

संज्ञा

सर्वनाम

विशेषण

क्रिया

क्रिया-विशेषण

संबंधबोधक

समुच्चयबोधक

विस्मयादिबोधक

आगे हम इन सभी पदों का पद-परिचय क्रमशः (संज्ञा, सर्वनाम आदि के अनुसार) विस्तार से पढ़ेंगे।

1 संज्ञा पद-परिचय

परिभाषा: वाक्य में आए संज्ञा शब्द के भेद, लिंग, वचन, कारक और वाक्य में उसके कार्य का परिचय देना संज्ञा पद-परिचय कहलाता है।

उदाहरण:

1. राम स्कूल जाता है। राम–संज्ञा पद, व्यक्तिवाचक संज्ञा, पुल्लिंग, एकवचन, कर्ता कारक।

2. सीता फूल तोड़ती है। सीता–संज्ञा पद, व्यक्तिवाचक संज्ञा, स्त्रीलिंग, एकवचन, कर्ता कारक।

3. मोहन किताब पढ़ता है। किताब–संज्ञा पद, जातिवाचक संज्ञा, स्त्रीलिंग, एकवचन, कर्म कारक।

4. बच्चे मैदान में खेलते हैं। बच्चे–संज्ञा पद, जातिवाचक संज्ञा, पुल्लिंग, बहुवचन, कर्ता कारक।

5. गाय घास खाती है। गाय–संज्ञा पद, जातिवाचक संज्ञा, स्त्रीलिंग, एकवचन, कर्ता कारक।

पद-परिचय में सामान्यतः बताया जाता है: शब्द का भेद, संज्ञा का प्रकार, लिंग, वचन और कारक।

2 सर्वनाम पद-परिचय

परिभाषा: वाक्य में आए सर्वनाम शब्द के भेद, पुरुष, लिंग, वचन, कारक और जिस संज्ञा के स्थान पर वह आया है उसका परिचय देना सर्वनाम पद-परिचय कहलाता है।अर्थात् जो शब्द संज्ञा के स्थान पर प्रयोग होते हैं उन्हें सर्वनाम कहते हैं; वाक्य में उनके प्रकार, पुरुष, वचन आदि बताना सर्वनाम पद-परिचय है।

उदाहरण: 1. वाक्य: मैं रोज़ विद्यालय जाता हूँ। मैं–पद-परिचय: सर्वनाम पद, पुरुषवाचक सर्वनाम, उत्तम पुरुष, एकवचन, कर्ता कारक।

2. वाक्य: यह मेरा मित्र है। यह–पद-परिचय: सर्वनाम पद, निश्चयवाचक सर्वनाम, एकवचन, कर्ता कारक।

3. वाक्य: कोई दरवाज़े पर खड़ा है। कोई–पद-परिचय: सर्वनाम पद, अनिश्चयवाचक सर्वनाम, एकवचन, कर्ता कारक

।4. वाक्य: कौन मैदान में खेल रहा है? कौन–पद-परिचय: सर्वनाम पद, प्रश्नवाचक सर्वनाम, एकवचन, कर्ता कारक।

5. वाक्य: जो परिश्रम करता है, वही सफल होता है। जो–पद-परिचय: सर्वनाम पद, संबंधवाचक सर्वनाम, एकवचन, कर्ता कारक।

6. वाक्य: राम अपना काम स्वयं करता है। अपना–पद-

परिचय: सर्वनाम पद, निजवाचक सर्वनाम, एकवचन, संबंध कारक।

7 राम स्कूल गया, वह आज खुश है – वह: पुरुषवाचक सर्वनाम, अन्य पुरुष, एकवचन, कर्ता कारक; राम के स्थान पर प्रयुक्त।

8 मैं आज बाजार जाऊँगा – मैं: पुरुषवाचक सर्वनाम, उत्तम पुरुष, एकवचन, कर्ता कारक; वक्ता के लिए।

9 तुम कहाँ जा रहे हो? – तुम: पुरुषवाचक सर्वनाम, मध्यम पुरुष, एकवचन/बहुवचन, कर्ता कारक; जिससे बात की जा रही है।

10 यह मेरा घर है – यह: संकेतवाचक सर्वनाम, एकवचन, कर्ता कारक; पास की वस्तु का बोध कराता है।

3 विशेषण पद-परिचय

परिभाषा (सरल भाषा में): वाक्य में जिस शब्द से संज्ञा या सर्वनाम की विशेषता, गुण, संख्या या स्थिति स्पष्ट होती है उसे विशेषण कहते हैं। इसे पहचानकर उसका प्रकार, लिंग, वचन और जिस संज्ञा/सर्वनाम के लिए प्रयोग हुआ है, उसका परिचय देना विशेषण पद-परिचय कहलाता है।

उदाहरण:

1. वाक्य: राम अच्छा लड़का है। अच्छा–पद-परिचय: विशेषण पद, गुणवाचक विशेषण, पुल्लिंग, एकवचन,

'लड़का' संज्ञा की विशेषता बताने वाला।

2. वाक्य: मेरे पास दो किताबें हैं। दो–पद-परिचय: विशेषण पद, संख्यावाचक विशेषण, निश्चित संख्या बताने वाला, 'किताबें' संज्ञा की संख्या बताने वाला।

3. वाक्य: कुछ विद्यार्थी मैदान में खेल रहे हैं। कुछ–पद-परिचय: विशेषण पद, परिमाणवाचक विशेषण, अनिश्चित मात्रा/संख्या बताने वाला, 'विद्यार्थी' संज्ञा की मात्रा बताने वाला।

4. वाक्य: यह पुस्तक बहुत रोचक है। यह–पद-परिचय: विशेषण पद, संकेतवाचक विशेषण, एकवचन, 'पुस्तक' संज्ञा की ओर संकेत करने वाला।

5. वाक्य: कौन-सा रास्ता सही है? कौन-सा–पद-परिचय: विशेषण पद, प्रश्नवाचक विशेषण, एकवचन, 'रास्ता' संज्ञा के बारे में प्रश्न करने वाला।

4 क्रिया पद-परिचय:

वाक्य में जो शब्द क्रिया (काम, घटना, स्थिति) बताता है, उसे क्रियापद कहते हैं; प्रकार, सकर्मक/अकर्मक बताना पद-परिचय है।

उदाहरण:

1. वाक्य: राम पत्र लिखता है।' लिखता है'–पद-परिचय:

क्रिया पद, सकर्मक क्रिया, वर्तमान काल, कर्ता 'राम' द्वारा 'पत्र' कर्म पर किया जाने वाला कार्य।

2. वाक्य: बच्चा रोता है।' रोता है'–पद-परिचय: क्रिया पद, अकर्मक क्रिया, वर्तमान काल, कर्ता 'बच्चा' द्वारा किया जाने वाला कार्य, इसमें कोई कर्म नहीं है।

3. वाक्य: वह खाना खाकर स्कूल गया। 'खाकर'–पद-परिचय: क्रिया पद, पूर्वकालिक क्रिया, मुख्य क्रिया 'गया' से पहले होने वाली क्रिया को व्यक्त करने वाला।

4. वाक्य: माँ बच्चे से पाठ पढ़वाती है। 'पढ़वाती है'–पद-परिचय: क्रिया पद, प्रेरणार्थक क्रिया, वर्तमान काल, कर्ता 'माँ' किसी दूसरे से कार्य करवाने का भाव प्रकट करती है।

5. वाक्य: राम खेल रहा है।' रहा है'–पद-परिचय: क्रिया पद, सहायक क्रिया, वर्तमान काल, मुख्य क्रिया 'खेल' के साथ मिलकर अपूर्ण वर्तमान काल का बोध कराती है।

5 क्रिया-विशेषण पद

जो शब्द किसी क्रिया के साथ प्रयोग होकर उसकी स्थिति, गुण, रूप, समय या मात्रा बताता है।

उदाहरण: 1. वाक्य: राम आज स्कूल जाएगा। आज–पद-परिचय: क्रिया-विशेषण पद, कालवाचक क्रिया-विशेषण, 'जाएगा' क्रिया के समय का बोध कराने वाला।

2. वाक्य: बच्चे बाहर खेल रहे हैं। बाहर–पद-परिचय: क्रिया-विशेषण पद, स्थानवाचक क्रिया-विशेषण, 'खेल रहे हैं' क्रिया के स्थान का बोध कराने वाला।

3. वाक्य: वह धीरे चलता है। धीरे–पद-परिचय: क्रिया-विशेषण पद, रीतिवाचक क्रिया-विशेषण, 'चलता है' क्रिया की रीति/ढंग बताने वाला।

4. वाक्य: वह बहुत तेज दौड़ता है। बहुत–पद-परिचय: क्रिया-विशेषण पद, परिमाणवाचक क्रिया-विशेषण, 'तेज दौड़ता है' क्रिया की मात्रा/परिमाण बताने वाला।

5. वाक्य: तुम यहाँ क्यों आए? क्यों–पद-परिचय: क्रिया-विशेषण पद, प्रश्नवाचक क्रिया-विशेषण, 'आए' क्रिया के कारण के बारे में प्रश्न करने वाला।

6 सम्बन्धबोधक / कारक पद-परिचय

परिभाषा: वाक्य में जो शब्द संज्ञा या सर्वनाम का संबंध अन्य शब्दों (विशेषकर क्रिया) से बताता है उसे कारक कहते हैं। संज्ञा/सर्वनाम के साथ ने, को, से, में, पर, का, के, की आदि चिह्नों के आधार पर उसके संबंध को बताना कारक पद-परिचय कहलाता है।

उदाहरण:

1. राम ने फल खाया - राम: संज्ञा, कर्ता कारक, चिह्न-ने।
2. सीता ने पत्र लिखा - सीता: संज्ञा, कर्ता कारक, चिह्न-

ने।

3. राम को पुस्तक दो - राम: संज्ञा, कर्म कारक, चिह्न-को।

4. वह कलम से लिखता है - कलम: संज्ञा, करण कारक, चिह्न-से।

5. शिक्षक ने छात्रों को पढ़ाया - छात्रों: संज्ञा, कर्म कारक, चिह्न-को।

6. राम का घर बड़ा है - राम: संज्ञा, सम्बन्ध कारक, चिह्न-का।

7. बच्चे कक्षा में बैठे हैं - कक्षा: संज्ञा, अधिकरण कारक, चिह्न-में।

7 समुच्चयबोधक अव्यय - पद परिचय

परिभाषा: जो अव्यय दो शब्दों, पदों या वाक्यों को जोड़ने का काम करते हैं, उन्हें समुच्चयबोधक अव्यय कहते हैं। जैसे- और, तथा, या, लेकिन, क्योंकि, इसलिए, परन्तु आदि।

1. राम और श्याम विद्यालय जाते हैं। और - समुच्चयबोधक अव्यय (संयोजक)। स्पष्टीकरण: 'और' राम और श्याम दो शब्दों को जोड़ रहा है।

2. तुम चाय या कॉफी लो। या - समुच्चयबोधक अव्यय (विकल्पसूचक)। स्पष्टीकरण: 'या' चाय और कॉफी में से

एक विकल्प बता रहा है।

3. मैं बाजार गया लेकिन दुकान बंद थी। लेकिन - समुच्चयबोधक अव्यय (विरोधसूचक)। स्पष्टीकरण: 'लेकिन' दो वाक्यों के बीच विरोध का संबंध दिखाता है।

4. वह बीमार था इसलिए स्कूल नहीं गया। इसलिए - समुच्चयबोधक अव्यय (परिणामसूचक)। स्पष्टीकरण: 'इसलिए' पहले वाक्य का परिणाम दूसरे वाक्य में बता रहा है।

8 विस्मयादिबोधक अव्यय - पद परिचय

परिभाषा: जो अव्यय हर्ष, शोक, आश्चर्य, दुःख, घृणा आदि भावों को अचानक प्रकट करते हैं, उन्हें विस्मयादिबोधक अव्यय कहते हैं; जैसे- अरे, वाह, हाय, उफ़, अरे बाप रे आदि।

1. अरे! तुम यहाँ कैसे आ गए? अरे - विस्मयादिबोधक अव्यय; भाव- आश्चर्य।

2. वाह! तुमने बहुत अच्छा काम किया। वाह - विस्मयादिबोधक अव्यय; भाव- हर्ष/प्रशंसा।

3. हाय! उसका पैर टूट गया। हाय - विस्मयादिबोधक अव्यय; भाव- दुःख।

4. उफ़! यहाँ कितनी गर्मी है। उफ़ - विस्मयादिबोधक अव्यय; भाव- कष्ट/घृणा।

5. अरे बाप रे! यह तो बहुत बड़ा साँप है। अरे बाप रे - विस्मयादिबोधक अव्यय; भाव- आश्चर्य/भय।

पद-परिचय से संबंधित प्रश्न (परीक्षा सहित)

प्रश्न 1 | परीक्षा: CBSE Delhi Board | वर्ष: 2013

1. रमेश तीसरी कक्षा में पढ़ता है।

उत्तर: रमेश - व्यक्तिवाचक संज्ञा, पुल्लिंग, एकवचन, कर्ता कारक, 'पढ़ता है' क्रिया का कर्ता।

2. शीला ज़ोर-ज़ोर से हँस रही थी।

उत्तर: हँस रही थी - अकर्मक क्रिया, स्त्रीलिंग, एकवचन, भूतकाल।

3. यह थैला मेरे छोटे भाई का है।

उत्तर: छोटे - गुणवाचक विशेषण, पुल्लिंग, एकवचन, विशेष्य 'भाई'।

4. जल्दी जाओ, भाई को बुला लाओ।

उत्तर: बुला लाओ - सकर्मक क्रिया, आज्ञार्थक रूप।

5. जब वे यहाँ आए तभी मैं चला गया था।

उत्तर: जब - कालवाचक क्रियाविशेषण.

प्रश्न 2 | परीक्षा: CBSE Foreign Paper | वर्ष: 2014

1. मैं कभी-कभी मंदिर जाता हूँ।

उत्तर: कभी-कभी - कालवाचक क्रियाविशेषण।

2. अनेक भिखारी वहाँ बैठे थे।

उत्तर: अनेक - अनिश्चित संख्यावाचक विशेषण, विशेष्य 'भिखारी'।

3. शाबाश! तुमने अच्छा किया।

उत्तर: शाबाश - विस्मयादिबोधक अव्यय।

4. दुष्ट व्यक्ति से दूर रहो।

उत्तर: दुष्ट - गुणवाचक विशेषण, विशेष्य 'व्यक्ति'।

प्रश्न 3 | परीक्षा: CBSE Delhi Board | वर्ष: 2014

1. हम स्वतंत्रता का स्वागत करते हैं।

उत्तर: स्वतंत्रता - भाववाचक संज्ञा, स्त्रीलिंग, एकवचन।

2. मैं चाहता हूँ तुम विद्वान बनो।

उत्तर: मैं - उत्तम पुरुषवाचक सर्वनाम, एकवचन, कर्ता कारक।

3. वहाँ चार छात्र बैठे हैं।

उत्तर: चार - निश्चित संख्यावाचक विशेषण, विशेष्य 'छात्र'।

4. तुम सदा सत्य बोलो।

उत्तर: सदा - कालवाचक क्रियाविशेषण.

प्रश्न 4 | परीक्षा: CBSE All India Paper | वर्ष: 2015

बालगोबिन भगत की संगीत-साधना का चरम उत्कर्ष उस दिन देखा गया जब उनका बेटा मरा।

उत्तर: उस - सार्वनामिक विशेषण, विशेष्य 'दिन'। मरा - अकर्मक क्रिया, भूतकाल, पुल्लिंग, एकवचन.

प्रश्न 5 | परीक्षा: CBSE Delhi Board | वर्ष: 2015

रेखा नवीं कक्षा में पढ़ती है।

उत्तर: रेखा - व्यक्तिवाचक संज्ञा, स्त्रीलिंग, एकवचन, कर्ता कारक.

प्रश्न 6 | परीक्षा: CBSE Sample Paper | वर्ष: 2016

अहा! उपवन में सुंदर फूल खिले हैं।

उत्तर: अहा - विस्मयादिबोधक अव्यय, हर्ष/आश्चर्य का भाव व्यक्त करता है

www.ingramcontent.com/pod-product-compliance
Lightning Source LLC
LaVergne TN
LVHW100311210926
848480LV00003B/1096
* 9 7 9 8 9 0 3 9 2 9 4 5 0 *